लौहपुरुष

सरदार वल्लभभाई पटेल

लौहपुरुष
सरदार वल्लभ भाई पटेल

सुशील कपूर

ओशियन बुक्स प्रा. लि.
नई दिल्ली

प्रकाशक :

ओशियन बुक्स प्रा. लि.

4/19 आसफ अली रोड

नई दिल्ली–110002

संस्करण :

2026

मूल्य :

चार सौ पचास रुपए

मुद्रक :

नरुला प्रिंटर्स, दिल्ली

LAUHPURUSH SARDAR VALLABHBHAI PATEL

by Shri Sushil Kapoor

Published by Ocean Books Pvt. Ltd.

4/19, Asaf Ali Road, New Delhi-110002

₹ 450.00

ISBN 978-81-8430-248-6

अनुक्रमणिका

1

परिवार व बाल्यकाल

हमारे आस-पास गुलामी की जो मैल फैली है, उसे दूर करना चाहिए। स्वतंत्रता पाने के बाद भी गुलामी की बदबू आती रहेगी तो स्वाधीनता की महक नहीं फैल सकेगी।

—सरदार पटेल

बहुमुखी प्रतिभा के धनी सरदार वल्लभभाई पटेल की जीवन-गाथा और संघर्ष-गाथा के बिना भारतीय स्वाधीनता संग्राम एवं राष्ट्र-निर्माण की कथा आधी-अधूरी और बेरंग-सी रह जाएगी। जब कभी राष्ट्र के कर्णधारों का जिक्र आएगा—गांधी, नेहरू, पटेल की त्रयी के नाम इतिहास के पन्नों से स्वयं ही स्वर्णाक्षरों में उभर आएँगे। पटेल उन तीन प्रकाश-स्तंभों में से एक थे, जिन्होंने दासता के गहन अंधकार में डूबे असंख्य भारतवासियों का मार्ग प्रशस्त किया। उन्होंने संघर्ष की मशाल तब तक जलाए रखी, जब तक देश ने स्वाधीनता का सुखद प्रभात नहीं देख लिया। इसमें रंच मात्र भी संदेह नहीं कि अन्य अनेक स्वाधीनता सेनानियों का योगदान भी अमूल्य रहा है, किंतु इस त्रयी को उसमें एक विशिष्ट स्थान देना अनुपयुक्त न होगा।

युवा सरदार पटेल

परस्पर मतभेद इस त्रयी की एक और विशेषता थी। इन मतभेदों के बावजूद उन्होंने अद्भुत सहयोग के साथ काम किया; क्योंकि

उन सबका लक्ष्य एक ही था—देश-हित, जिसके प्रति वे पूर्णतः समर्पित थे। विभिन्न मुद्दों पर उनके मतभेदों ने उन्हें एक-दूसरे का पूरक बना दिया था। एक निर्विवाद जननेता, कुशल प्रशासक व राजनेता के रूप में पटेल को सदा याद किया जाएगा। उनकी अटूट देशभक्ति ने उनके व्यक्तित्व को ऐसा प्रखर बना दिया कि उन्हें 'लौह पुरुष' की उपाधि से सम्मानित किया गया।

परिवार

सरदार पटेल का जन्म एक किसान परिवार में हुआ। उनके एक जीवनीकार ने बहुत ठीक ही कहा है कि वह जन्म से ही जमीन से जुड़े थे और सदा जुड़े रहे। उनके पिता झबेरभाई जिला खेड़ा (गुजरात) के बोरसद ताल्लुका के करमसद गाँव में खेती करते थे। उनके पास 10 एकड़ जमीन थी। वह लेवा नामक क्षत्रिय जाति के थे, जो स्वयं को भगवान् श्रीराम के पुत्र लव का वंशज मानते हैं। गुजरात के इस भाग में इस जाति के लोग काफी संख्या में पाए जाते हैं। कहा जाता है कि वे पंजाब से आकर यहाँ बसे थे। लेवा जाति की पाटीदार शाखा से संबंधित होने के कारण सरदार के पूर्वज 'पटेल' कहलाए।

अपनी सुपुत्री मणिबेन के साथ सरदार पटेल

लेवा तलवार के धनी थे। इस जाति के अनेक लोगों ने सन् 1857 के प्रथम स्वाधीनता संग्राम में बढ़-चढ़कर हिस्सा लिया। झबेरभाई ने भी झाँसी की रानी लक्ष्मीबाई की सेना में शामिल होकर अंग्रेजों से लोहा लिया। लक्ष्मीबाई के परास्त होने के बाद उन्हें इंदौर के महाराजा मल्हार राव होल्कर ने बंदी बना लिया। एक दिन झबेरभाई महाराजा के पास बंदी की हैसियत से खड़े थे। महाराजा शतरंज खेलने में व्यस्त थे, अत: बंदी और उन्हें लानेवाले सब चुपचाप खड़े रहे। महाराजा एक चाल में फँस गए थे। उन्हें अपनी हार नजर आ रही थी। झबेरभाई भी शतरंज के माहिर खिलाड़ी थे। उनसे रहा नहीं गया। उन्होंने महाराजा को एक चाल सुझाई, जिससे पासा पलट गया। महाराजा की हार जीत में बदल गई। वह इतने प्रसन्न हुए कि तुरंत झबेरभाई को रिहा करने का आदेश दे डाला। झबेरभाई सीधे अपने गाँव लौटे और अपनी खेती-बाड़ी सँभाली।

सरदार पटेल की माता लाड़बाई झबेरभाई की दूसरी पत्नी थीं। पहली पत्नी के देहांत के बाद झबेरभाई ने अपनी आयु से 18 वर्ष छोटी लाड़बाई से विवाह किया था। पहली पत्नी से उनकी कोई संतान न थी, पर लाड़बाई ने उन्हें छह संतानें देकर निहाल कर दिया। इनमें पाँच पुत्र थे और एक पुत्री, जो सबसे छोटी थी।

सरदार की माता लाड़बाई बहुत धार्मिक विचारों की और सुघड़ महिला थीं। पति की सीमित आय में उन्होंने बड़ी समझदारी से अपनी गृहस्थी चलाई और बच्चों को कोई अभाव महसूस नहीं होने दिया। माता-पिता के इन संस्कारों और वंश-परंपरा ने सरदार के व्यक्तित्व-निर्माण में बहुत महत्त्वपूर्ण योगदान दिया। साहस, अडिगता, संघर्ष करने की शक्ति, सहनशीलता, कठोर परिश्रम आदि यही गुण थे, जिनके समावेश ने विकसित होकर उन्हें सरदार वल्लभभाई पटेल बनाया और इतिहास में उनका नाम राष्ट्रीय कर्णधार के रूप में स्वर्णाक्षरों में अंकित किया।

□

2

जन्म और आरंभिक शिक्षा

आपस में झगड़ने से शक्ति नष्ट होती है। हमारी संस्कृति की तो नींव ही शांतिपूर्ण सहअस्तित्व पर रखी गई है।

—सरदार पटेल

वल्लभभाई का जन्म 31 अक्तूबर, 1875 को काठियावाड़ (गुजरात) के एक छोटे से नगर नाडियाद में हुआ था। यहाँ उनका ननिहाल था। परिवार की परंपरानुसार लाड़बाई के माता-पिता चाहते थे कि उनकी पुत्री की

करमसद गाँव का वह स्कूल, जहाँ सरदार पटेल ने प्रारंभिक शिक्षा प्राप्त की।

सभी संतानों का जन्म उनके यहाँ ही हो। वह उनकी बहुत दुलारी बेटी थीं और इसी कारण उनका नाम 'लाड़बाई' रखा गया था। इसके अतिरिक्त एक कारण यह भी था कि लाड़बाई के मायके वाले बहुत संपन्न थे। वहाँ सब तरह की सुख-सुविधा थी।

सरदार पटेल अपने भाइयों में चौथे नंबर पर थे। सोमाभाई, नरसिंहभाई, विट्ठलभाई के बाद वल्लभभाई आते थे। उनसे छोटे भाई का नाम कासीभाई था। बहन डाहीबा सबसे छोटी थीं और स्वभावतः सब भाइयों की दुलारी भी। उन सभी भाइयों में परस्पर बहुत प्रेम था, जो आजीवन बना रहा।

वल्लभभाई की आरंभिक शिक्षा उनके गाँव करमसद के प्राथमिक स्कूल से आरंभ हुई। गाँव के स्कूल की पढ़ाई आखिर साधारण स्तर की ही होनी थी। वल्लभभाई की पढ़ने में बहुत रुचि थी। वह घर पर जितना हो सकता, स्वाध्याय करते। देखते-देखते वह गाँव के सबसे प्रतिभावान् छात्रों में गिने जाने लगे। कई बार तो उनके प्रश्न सुनकर अध्यापक अवाक् रह जाते और उनसे जवाब देते न बनता।

स्कूली पढ़ाई के दौरान ही पटेल का एक और गुण प्रकाश में आया— संघर्ष करने की क्षमता और नेतृत्व का गुण। इसके तीन उदाहरण मुख्य रूप से उल्लेखनीय है—

स्कूल में कुछ अध्यापकों ने मिलकर यह नियम बना दिया था कि पुस्तकें यहीं से खरीदनी पड़ेंगी। वे बच्चों से इसके मनमाने दाम वसूल करते थे। वल्लभभाई को छात्रों का यह आर्थिक शोषण बहुत अखरा। उन्होंने इसके खिलाफ आवाज उठाई और अपने साथियों को संगठित किया। उन्होंने सबसे कह दिया कि कोई भी छात्र स्कूल से पुस्तकें नहीं खरीदेगा। इस आंदोलन और अध्यापक-विद्यार्थी तनाव के कारण पाँच-छह दिन स्कूल बंद रहा। आखिरकार अध्यापकों ने हार मान ली। स्कूल से किताबें खरीदने को अनिवार्य बनाने का नियम समाप्त हुआ और पहले से ही आर्थिक बोझ से दबे छात्रों व उनके अभिभावकों ने चैन की साँस ली।

एक अन्य घटना तब की है जब सरदार छठी कक्षा में पढ़ते थे। वह जमाना कुछ ऐसा था जब अध्यापक अकसर बच्चों को मारते-पीटते थे। एक मास्टरजी कुछ ज्यादा ही सख्त थे। एक दिन उन्होंने एक बच्चे को बेंत से बहुत बुरी तरह पीटा। बेचारा बिलबिला गया। सरदार को यह सहन न हुआ।

छात्रनेता तो वह थे ही, सबको इकट्ठा करके स्कूल में हड़ताल करवा दी। प्रिंसिपल महोदय ने सारे मामले की जाँच की तो बच्चों की शिकायत को उचित पाया। उन्होंने उस अध्यापक से वचन दिलाया कि भविष्य में कभी किसी बच्चे के साथ इस तरह मारपीट नहीं करेंगे। तब कहीं जाकर मामला ठंडा पड़ा।

मैट्रिक में विद्यार्थियों को अन्य विषयों के साथ संस्कृत या गुजराती में से एक भाषा का चुनाव करना होता था। वल्लभभाई ने गुजराती को चुना। अध्यापक छोटेलाल पढ़ाते तो गुजराती थे, पर संस्कृत भाषा के भक्त थे। उन्होंने नाराजगी जाहिर करते हुए पटेल से पूछा कि तुमने संस्कृत को छोड़कर गुजराती को क्यों चुना? वल्लभभाई ने कोई सीधा जवाब देने के बजाय जरा

नाडियाद का वह स्कूल, जहाँ से सरदार पटेल ने मैट्रिक पास किया।

टेढ़ा उत्तर दिया, "गुरुजी, अगर सभी बच्चे संस्कृत ले लें तो फिर आप किसे पढ़ाएँगे? फिर तो शायद आप घर पर ही बैठेंगे।" सारी कक्षा ठहाकों से गूँज उठी तो छोटेलालजी के दिमाग का पारा और ऊँचा हो गया। उन्होंने बालक पटेल को इस उद्‌दंडता का दंड देते हुए उन्हें 200 तक पहाड़े घर से लिखकर लाने को कहा। पटेल को लगा कि यह न्याय नहीं है। उन्होंने यह दंड न मानने का निश्चय कर लिया और पहाड़े नहीं लिखे।

अगले दिन गुरुजी ने पूछा, "क्यों, तुम 200 पाड़े लाए हो न?"

गुजराती में पहाड़े और भैंस के बच्चे दोनों को 'पाड़ा' कहते हैं।

वल्लभभाई ने मासूम बनते हुए जवाब दिया, ''गुरुजी, पूरे 200 पाड़े (भैंस के बच्चे) लाया था। दो बड़े शरारती थे। उन बदमाशों ने ऐसा दंगा मचाया कि सबके सब भाग खड़े हुए। फिर वे दोनों भी भाग गए।''

इस तरह अध्यापक का मजाक उड़ाना मामूली बात न थी। इसने आग में घी का काम किया। उन्होंने मन-ही-मन सोच लिया कि इस बालक को कुछ ज्यादा ही सजा मिलनी चाहिए। खुद कोई काररवाई न करके उन्होंने पटेल की शिकायत प्रिंसिपल साहब से की।

प्रिंसिपल साहब के पूछने पर वल्लभभाई ने कहा, ''महोदय, गुरुजी गुजराती के शिक्षक हैं। अगर ये गुजराती में कुछ लिखकर लाने को कहते तो मैं अवश्य इनकी आज्ञा का पालन करता, पर इन्होंने तो मुझे पहाड़े लिखकर लाने को कहा। भला गुजराती भाषा और पहाड़ों का क्या संबंध है! पहाड़े लिखने से मेरी गुजराती में कैसे सुधार होगा?''

सारी बात विस्तार से सुनने के बाद प्रिंसिपल महोदय इस नतीजे पर पहुँचे कि बालक का कोई दोष नहीं। वह अध्यापक की जिद का शिकार हो गया है। उन्होंने वल्लभभाई को क्षमा कर दिया।

इससे साफ जाहिर है कि छुटपन से ही वल्लभभाई अन्याय का विरोध करने और अंतत: विजयी होने के अभ्यस्त हो गए थे। उसने उनके इरादों में मजबूती लाने और इस विश्वास को दृढ़ करने में सहायता की कि अंतत: जीत सत्य की ही होती है। इसने उन्हें संघर्ष के दौरान कष्ट और अपमान झेलने का भी आदी बनाया।

इंग्लैंड और अंग्रेजी

वल्लभभाई का रुझान अंग्रेजी भाषा की तरफ था। उनकी अनेक महत्त्वाकांक्षाओं में एक इंग्लैंड जाना भी था। अंग्रेजी इसलिए कि वह सरकारी कामकाज और अदालती कामकाज दोनों की भाषा थी। इंग्लैंड इसलिए कि वहाँ जाकर वह देखना चाहते थे कि आखिर इस छोटे से देश की ऐसी क्या विशेषता है, जिसके दम पर उसने इतना बड़ा साम्राज्य फैला लिया है कि जिस पर सूर्य कभी अस्त नहीं होता। इसके अतिरिक्त उच्च शिक्षा ग्रहण करने की उनकी आकांक्षा भी इंग्लैंड गए बिना पूरी नहीं हो सकती थी।

इंग्लैंड जाना तो अभी दूर का सपना था, लेकिन अंग्रेजी पढ़ने का

सपना उनके गाँव करमसद से केवल 7 मील दूर था। यह था गाँव पेटलाड, जहाँ अंग्रेजी की अच्छी पढ़ाई होती थी। उन्होंने वहाँ जाने का मन बनाया और अपने छह अन्य साथियों को भी साथ चलने को राजी कर लिया। पटेल के करमसद छोड़ने का एक कारण और भी था। गाँव के स्कूल में उनका एक अन्य अध्यापक से भी विवाद हो गया था। आए दिन की इस खींचतान से पढ़ाई में विघ्न पड़ता था और वे इस स्थिति से काफी खिन्न थे।

पेटलाड में सातों मित्रों ने मिलकर एक कमरा किराए पर ले लिया और पढ़ाई में जुट गए। वे रविवार की छुट्टी के दिन घर जाकर अपना-अपना राशन ले आते और बारी-बारी से भोजन बनाते, बरतन साफ करते और अन्य घरेलू काम करते थे। इस प्रेम और भाईचारे के कारण उनका अध्ययन बहुत सुचारु रूप से चलने लगा।

अपना गाँव छोड़कर विद्या धन अर्जित करने की जिज्ञासा से आए इन बच्चों के प्रति स्कूल के अध्यापकों ने भी स्नेह-भाव प्रदर्शित किया। इससे वल्लभभाई व उनके साथियों का उत्साह और बढ़ गया। उन्होंने मनोयोग से पढ़ाई की और वर्ष 1897 में 22 वर्ष की उम्र में उन्होंने मैट्रिक पास कर लिया।

कम उम्र में शादी उन दिनों आम बात थी। वल्लभभाई की शादी भी पास के गाँव गाना की झबेरबा से 18 साल की उम्र में सन् 1893 में हो गई। तब झबेरबा की उम्र मात्र 13 साल की थी। लेकिन उनका गौना तब हुआ जब वल्लभभाई वकील बनकर अपनी गृहस्थी की गाड़ी खींचने लायक बन गए।

□

3

वकालत की शुरुआत

एकता का अभाव हमारे सामने नई विपत्तियाँ लाएगा। अगर हम मिलकर सबके हित में कार्य नहीं करेंगे तो देश भर में अंधकार और अराजकता का माहौल बन जाएगा।

—सरदार पटेल

मैट्रिक पास करने के बाद वल्लभभाई ने नाडियाद में एक वकील के सहायक के रूप में काम करना शुरू किया। उन्होंने उसी वकील से पुस्तकें लेकर खुद भी अध्ययन करना आरंभ कर दिया। तीन साल के परिश्रम और स्वाध्याय के बाद उन्होंने वर्ष 1900 में मुख्तारी की परीक्षा उत्तीर्ण कर ली। मुख्तार बन जाने के बाद नाडियाद के ही कई वकीलों ने उनसे अपने साथ काम करने की पेशकश की। लेकिन वह अपना स्वतंत्र काम करना चाहते थे। इसलिए सारे प्रस्ताव ठुकराकर गोधरा आ गए और वहाँ अपना खुद का काम जमाने में लग गए।

जैसा कि सभी के साथ होता है, अपने सारे परिश्रम और प्रतिभा के बावजूद वल्लभभाई की वकालत के आरंभिक दिन काफी संघर्षपूर्ण रहे। आरंभ में ही उन्हें कुछ मुकदमों में सफलता मिली। लेकिन कुल मिलाकर आय सीमित थी, जिसमें मुश्किल से गुजारा हो पाता था।

एक ओर ये कठिनाइयाँ थीं तो दूसरी ओर कुछ बातों का लाभ भी उनको था। एक तो यह कि उनके बड़े भाई विट्ठलभाई पटेल वहीं वकालत करते थे। इससे उन्हें हर तरह का सहयोग मिलता था। दूसरा लाभ था पटेल का अपना व्यावहारिक ज्ञान। दूसरे लोगों का कानून का ज्ञान पुस्तकों तक

गंभीर परिचर्चा में निमग्न लौह पुरुष।

सीमित रहता था, जब तक कि वे वकालत की और अदालतों की कार्य-पद्धति की व्यावहारिक जानकारी न पा लें। लेकिन वल्लभभाई को यह जानकारी और अनुभव पहले से था। वकील के सहायक के रूप में वह जब भी अदालत जाते थे, वहाँ की सारी काररवाई और कार्य-पद्धति का बड़ी बारीकी से अध्ययन करते थे। गोधरा में फौजदारी की वकालत आरंभ करने पर उनका यह व्यवहार-ज्ञान उनके बहुत काम आया।

गोधरा एक छोटी जगह थी। विट्ठलभाई को लगा कि उनके लिए बोरसद जाकर वकालत करना बेहतर होगा। उन्होंने बोरसद जाने की तैयारी की तो अपने अनुज वल्लभभाई से भी कहा कि वह उनके साथ चलें। पर वल्लभभाई ने स्वतंत्र रहकर काम करना बेहतर समझा। उन्होंने किसी तरह गोधरा में एक छोटा दफ्तर जमा लिया। एक मित्र से उधार लेकर उन्होंने घर-गृहस्थी का सामान खरीदा और जीवन-यापन के आरंभिक संघर्ष में जुट गए। गोधरा में वकालत में वल्लभभाई का नाम धीरे-धीरे चमकने लगा था। परिस्थितियाँ अनुकूल होती जा रही थीं और उन्हें लगने लगा था कि अब काफी कुछ सामान्य हो जाएगा। पर हालात ने एकाएक पलटा खाया।

गोधरा में वकालत करते हुए अभी वल्लभभाई को दो साल ही हुए थे, तभी उनके भाई विट्ठलभाई एक मामले में उलझ गए। हुआ यों कि विट्ठलभाई ने बोरसद के एक मजिस्ट्रेट के खिलाफ शिकायत दर्ज कराई थी। इस पर जाँच शुरू हो चुकी थी। इस बात की पूरी आशंका थी कि अन्य अंग्रेज प्रशासनिक अधिकारी बदले की भावना से विट्ठलभाई को किसी मामले में फँसाने की कोशिश कर सकते हैं या फिर उन्हें किसी और तरह से परेशान कर सकते हैं। ऐसे में वल्लभभाई ने अपना कर्तव्य समझा कि वह कठिन समय में अपने भाई के साथ रहें।

वल्लभभाई के बोरसद आने का दूसरा कारण यह भी था कि उन्हें भी अहसास हो गया था कि गोधरा उनके कार्य के लिए छोटा स्थान है। बोरसद में संभावनाएँ कहीं अधिक हैं। उन्होंने यहाँ आकर अपना स्वतंत्र कार्यालय बना लिया और अग्रज को उनकी समस्या में सहयोग देने के साथ-साथ अपने काम में डट गए। वल्लभभाई की कानून की समझ, उनकी तीक्ष्ण बुद्धि और वकीली चतुराई की ख्याति उनके आने से पहले बोरसद पहुँच चुकी थी। यहाँ आने पर उन्हें जल्दी ही केस मिलने लगे। उनकी कामयाबी की चर्चा होने लगी और वकालत दिन-दूनी रात-चौगुनी रफ्तार से बढ़ने लगी।

अद्‌भुत तर्क-शक्ति

वकालत में इतनी सफलता का कारण सरदार पटेल की अद्‌भुत तर्क-शक्ति और तीक्ष्ण बुद्धि थी। वह किसी बात को बहुत सहज ढंग से पेश करते और फिर अचानक ऐसा निष्कर्ष निकालते कि पासा पलट जाता। अंग्रेजों की हुकूमत थी। लोगों को झूठे मामलों में फँसाकर सजा देना आम बात थी। अंग्रेज तो ज्यादातर जिस पर सुरागी होने का शक हो, उसे फँसाते थे; पर नौकरशाही को बदले की भावना से किसी को भी फँसाने की आदत पड़ गई थी। सरदार पटेल ने निरपराध लोगों को फँसाने के पुलिस के हथकंडों और झूठे मामले गढ़ने के तौर-तरीकों का सूक्ष्मता से अध्ययन किया था। वह किसी भी मामले का बारीकी से अध्ययन करते और फिर उसमें से वह नुक्ता ढूँढ़ निकालते, जो उसके मनगढ़त होने की पोल खोल सके। फिर तो आरोपी को रिहा कराना आसान हो जाता। इससे वकालत में सफलता और धनार्जन के साथ-साथ सरदार पटेल का एक और उद्‌देश्य पूरा होता था—झूठे मामलों

में फँसाए गए लोगों को न्याय दिलाने की संतुष्टि। उनकी तर्क-शक्ति का उदाहरण देखिए—

सरदार के एक मुवक्किल पर चोरी का झूठा आरोप लगाया गया। वह रेलवे पुलिस में इंस्पेक्टर के पद पर था। उसकी अपने अंग्रेज अफसर से अनबन हो गई तो उसे चोरी के झूठे मामले में फँसा दिया गया। इतना ही नहीं, उसके खिलाफ मामले की सुनवाई के लिए एक विशेष मजिस्ट्रेट को तैनात किया गया। उसने सरदार को वकील किया तो उन्होंने इंस्पेक्टर को एक सलाह दी। वह उस अंग्रेज अफसर से मिलने गया और सरदार की सलाह के मुताबिक उससे बोला, ''सर, मैं आपके सामने कुछ स्वीकार करना चाहता हूँ। मैं आज से 30 साल पहले भी चोरी के जुर्म में सजा पा चुका हूँ।'' अंग्रेज यह सोचकर बहुत खुश हुआ था कि यह आदमी कितना बेवकूफ है। खुद अपना पिछला अपराध स्वीकार कर रहा है। इससे केस और मजबूत होगा। उसने आरोप-पत्र में यह बात भी जोड़ दी।

मामला अदालत में सुना जा रहा था। सरकारी वकील ने अपनी बात शुरू की कि ''यह एक इंस्पेक्टर द्वारा चोरी करने का संगीन मामला है। जिसे चोरी रोकने और चोरों को पकड़ने का काम सौंपा गया, वह खुद ही ऐसे गंभीर अपराध में लिप्त पाया गया है। इसे तो कठोर दंड दिया जाना चाहिए।''

बचाव पक्ष की ओर से सरदार पटेल बोले, ''पहले आरोप तो तय होने दीजिए, फिर दंड की बात भी हो जाएगी। आरोप है क्या और वह कैसे सिद्ध होता है?''

सरकारी वकील ने अपनी बात पर जोर देते हुए कहा, ''जनाब, यह आदमी अपराध करने का आदी है। इसने स्वयं भी पहले का अपना एक अपराध स्वीकार किया है।''

इसके बाद सुबूत के तौर पर वह दस्तावेज पेश किया गया, जिसमें आरोपी को 30 साल पहले चोरी के आरोप में नौ महीने की सजा हुई थी। आरोप-पत्र में दर्ज इस बात को स्वयं सरदार पटेल ने अदालत को स्पष्ट शब्दों में पढ़कर सुनाया।

''महोदय, यही बात मैं कह रहा था।'' सरकारी वकील बोला, ''इसे 30 साल पहले भी सजा हो चुकी है। यह शातिर अपराधी है। कृपया इस बात पर गौर किया जाए।''

"बिलकुल, इस बात पर अवश्य गौर किया जाना चाहिए।" सरदार पटेल ने कहा, "लेकिन इसके साथ-साथ आरोप-पत्र में दर्ज इस बात पर भी गौर किया जाना चाहिए कि आज से 30 साल पहले चोरी के अपराध में सजा पाए इस व्यक्ति की उम्र इस समय 30 साल के करीब ही है।"

कुछ देर चुप्पी छाई रही। इसके बाद बात सबकी समझ में आई तो अदालत का गंभीर वातावरण भी ठहाकों से गूँज उठा। कहने की आवश्यकता नहीं कि इंस्पेक्टर को बाइज्जत बरी कर दिया गया।

अंग्रेज निरंकुश शासक थे। वे तरह-तरह की मनमानी करते थे। एक मजिस्ट्रेट ऐसा पियक्कड़ था कि सुबह-सवेरे ही शुरू हो जाता था। वह कुरसी पर बैठा ऊँघता रहता। उसका सहायक मामले सुनता।

सरदार पटेल का मुवक्किल एक सुनार था। उस पर आरोप था कि वह व्यभिचार करने के इरादे से एक औरत के घर में घुसा था। मामला अदालत में आया तो अपनी आदत के मुताबिक मजिस्ट्रेट पिए हुए था। पटेल ने सहायक के सामने जिरह करने से साफ इनकार कर दिया। उन्होंने कहा कि मैं केवल मजिस्ट्रेट साहब के सामने ही अपना पक्ष रखूँगा। वही केस को सुनने के अधिकारी हैं।

मजिस्ट्रेट राजी हो गया। आरोप पक्ष की सारी बात सुनने के बाद मजिस्ट्रेट ने सरदार पटेल से सवाल किया, "क्या यह अपराध नहीं?"

"महोदय," वल्लभभाई बड़ी विनम्रता से बोले, "हमारे जैसे पिछड़े और रूढ़िवादी समाज में उसे अपराध माना जाता है। लेकिन जैसा कि आपका समाज है, जो उन्नत और आधुनिक है, उसमें यह कोई अपराध नहीं।"

अपने समाज की प्रशंसा एक भारतीय से सुनकर अंग्रेज मजिस्ट्रेट की बाँछें खिल गईं। नशे के कारण बात कुछ उसके पल्ले पड़ी थी, कुछ नहीं। वल्लभभाई ने इसी का फायदा उठाकर उसे और भ्रमित कर दिया था। मजिस्ट्रेट उनसे सहमत हुआ और सुनार को बरी कर दिया गया।

एक अंग्रेज मजिस्ट्रेट को अजीब सनक थी। वह किसी भी आरोपी के बयान उसके सामने आईना रखवाकर दर्ज करवाता था। जब वल्लभभाई के एक मुवक्किल के साथ भी ऐसा ही हुआ तो सरदार ने आग्रह किया कि इस आईने को भी साक्ष्य के तौर पर रखा जाए। आखिर यह भी काररवाई का एक महत्त्वपूर्ण भाग है।

मजिस्ट्रेट नहीं माना तो दोनों में बहस छिड़ गई। वल्लभभाई का तर्क था कि अगर आईने का कोई महत्त्व नहीं है तो उसे अदालत में क्यों रखा गया है। अगर महत्त्व है तो फिर इसे सेशन अदालत में भी पेश किया जाए, जहाँ अपील होनी है। अंततः मजिस्ट्रेट ने कहा कि ठीक है, आपकी बात मान ली जाएगी। अब अपने गवाह पेश कीजिए।

यह हत्या का मामला था, अतः बहुत गंभीर था। आरोप सिद्ध होने पर सरदार के मुवक्किल को फाँसी हो सकती थी, जबकि सरदार जानते थे कि आरोप निराधार और झूठा है। उन्होंने कहा कि मुझे कोई गवाह पेश नहीं करना। अलबत्ता सेशन में जो गवाह पेश करने हैं और जो आधारभूत तथ्य उस अदालत में रखने हैं, वे इस लिफाफे में रखे कागज में दर्ज हैं। इतना कहकर उन्होंने लिफाफा मजिस्ट्रेट को थमा दिया।

मजिस्ट्रेट ने बाद में वह लिफाफा खोलकर देखा तो दंग रह गया। सेशन अदालत में पेश किए जानेवाले गवाहों में सिर्फ दो नाम थे। एक उसका अपना और दूसरा उस औरत का, जिसकी हत्या का झूठा आरोप सरदार के मुवक्किल पर थोपा गया था। उसके साथ जो संक्षिप्त तथ्य थे, वे बहुत सारगर्भित थे। उनसे सारे मामले की कलई खुल जाती थी। वह मजिस्ट्रेट थोड़ा सनकी भले ही रहा हो, पर अनुभवी और न्यायप्रिय था। उस अंग्रेज ने मामले की आगे सुनवाई सरदार के दिए तथ्यों के आलोक में की। इससे मुकदमे की सही पृष्ठभूमि तैयार हुई, जैसा कि वल्लभभाई चाहते थे। इसके बाद जब केस सेशन अदालत में पेश हुआ तो सरदार को अपने मुवक्किल को रिहा कराने में विशेष कठिनाई नहीं हुई।

□

4

संपन्नता का उजाला

हम अपने चचेरे भाई ही क्या, सगे भाई की तरक्की और ऐश्वर्य देखकर जलते हैं। उसे सह नहीं सकते। धरतीवासियों में यह एक बड़ा दुर्गुण है, जिसे दूर करना पड़ेगा।

—सरदार पटेल

आर्थिक संकट का धुँधलका छँट चुका था। पटेल दंपती के जीवन में अब संपन्नता का उजाला फैल रहा था। उनके दिन फिर गए थे, पर वे अब भी सादगी से रहते थे। पत्नी झबेरबा बड़ी समझदारी से अपना घर चला रही थीं। वह जानती थीं कि उनके पति की आकांक्षा इंग्लैंड से बैरिस्टरी करने की है। वह इसके लिए बड़े मनोयोग से पैसे जोड़ती रहीं। जल्दी ही उनके पास एक अच्छी रकम जमा हो गई। अब उन्होंने चुपचाप इंग्लैंड जाने की तैयारी शुरू कर दी। सन् 1904 में तैयारियाँ पूरी हो गईं। अब तो टॉमस कुक ऐंड कंपनी से यात्रा की सारी व्यवस्था हो जाने के अंतिम पत्र की प्रतीक्षा थी, जिसे उन्होंने यह काम सौंपा था।

लेकिन तभी एक दिलचस्प भूल हो गई। वल्लभभाई और विट्ठलभाई दोनों अपना नाम अंग्रेजी में संक्षेप में वी.जे. पटेल लिखते थे। इसलिए टॉमस कुक ऐंड कंपनी का उनकी इंग्लैंड यात्रा का अंतिम पत्र गलती से विट्ठलभाई को दे दिया गया। उन्होंने पत्र देखा तो सारी बात समझते देर न लगी। विट्ठलभाई की खुद की भी अभिलाषा इंग्लैंड जाकर बैरिस्टरी पास करने की थी। पर वह कोशिश करके भी इतना पैसा नहीं जोड़ सके थे।

उन्होंने वल्लभभाई से कहा, ''देखो, तुम छोटे हो। पहले मुझे जाने

दो। मेरे लौटने पर तुम इंग्लैंड जाना। अगर पहले तुम गए तो तुम्हारे आने पर मेरा जाना संभव न होगा।''

वल्लभभाई ने तुरंत बड़े भाई की बात मान ली। उन्होंने न केवल उनके इंग्लैंड जाने का खर्चा खुशी से उठाया, बल्कि उनकी अनुपस्थिति में उनके परिवार के खर्च की सारी जिम्मेदारी भी उठाने को तैयार हो गए। यह दोनों भाइयों के परस्पर प्रेम और सरदार की विशाल हृदयता का प्रत्यक्ष प्रमाण था, जिसकी मिसाल मिलना आज तो क्या, उस समय भी कठिन था।

□

5

पारिवारिक शोक

मौत तो ईश्वर-प्रदत्त है। कोई किसी को प्राण नहीं दे पाएगा, न ही ले पाएगा।

—सरदार पटेल

विट्ठलभाई सन् 1908 में इंग्लैंड से बैरिस्टरी पास करके स्वदेश लौटे। उस जमाने में विलायत की डिग्री बहुत मायने रखती थी। इसलिए वकालत करने के लिए भी उन्होंने बंबई जैसी जगह को चुना। वह अपने परिवार को भी बंबई ले आए, जिसकी देखभाल और भरण-पोषण उनकी अनुपस्थिति में वल्लभभाई कर रहे थे। थोड़े ही दिनों में विट्ठलभाई की वकालत बंबई में बहुत अच्छी जम गई।

इधर विट्ठलभाई के विदेश प्रवास के वर्षों में वल्लभभाई की जिम्मेदारी बहुत बढ़ गई थी। दो परिवारों का खर्च चलाने के लिए उन्हें बहुत परिश्रम करना पड़ता था और उनकी दिनचर्या बहुत व्यस्त रहती थी। उनकी पत्नी इन दिनों अकसर अस्वस्थ रहने लगी थीं। वल्लभभाई उनके स्वास्थ्य के बारे में भी पूरी तरह ध्यान नहीं दे पा रहे थे। धीरे-धीरे झबेरबा का स्वास्थ्य बिगड़ता चला गया। अब सचमुच चिंता वाली बात थी, क्योंकि डॉक्टरों के अनुसार, उनके पेट में कोई ग्रंथि थी, जिसे ऑपरेशन करके निकालना जरूरी था। लेकिन झबेरबा का स्वास्थ्य इतना बिगड़ चुका था कि वह ऑपरेशन झेल नहीं पातीं। इसलिए तय किया गया कि पहले उनके स्वास्थ्य को थोड़ा और सुधारने की कोशिश की जाए, फिर ऑपरेशन हो।

झबेरबा के उपचार के लिए बंबई ही उपयुक्त जगह थी। अग्रज

विट्ठलभाई वहाँ थे ही, अतः वल्लभभाई ने पत्नी और दोनों बच्चों—बेटी मणिबेन और बेटे डाह्याभाई को बंबई भेज दिया, ताकि झबेरबा का अच्छा इलाज हो सके। डॉक्टरी जाँच के बाद चिकित्सकों ने कहा कि उनकी पत्नी को थोड़ा और स्वास्थ्य सुधारने का समय देना होगा, फिर ऑपरेशन करेंगे। इसकी तारीख बाद में बताई जाएगी। पटेल पत्नी व बच्चों को बड़े भाई के पास छोड़ काम पर लौट आए। उन्होंने विट्ठलभाई से कहा कि जैसे ही ऑपरेशन की तारीख निश्चित हो, उन्हें तुरंत सूचित करें, ताकि वह बंबई आ जाएँ।

दुःखद निधन

पर हालात कुछ और ही होने थे। झबेरबा की तबीयत अचानक कुछ ऐसी बिगड़ी कि डॉक्टरों को आनन-फानन ऑपरेशन करना पड़ा। ऑपरेशन पूरी तरह सफल रहा। इसकी खबर तुरंत सरदार पटेल को दे दी गई। फिर अचानक ही झबेरबा की हालत बिगड़ गई। डॉक्टर कुछ कर पाते, इससे पहले ही 11 जनवरी, 1909 को वह स्वर्ग सिधार गईं। वल्लभभाई को तुरंत तार द्वारा इस दुःखद घटना की सूचना दी गई।

वल्लभभाई को जिस समय पत्नी के निधन का तार मिला, वह एक हत्या के मामले में जिरह कर रहे थे। उन्होंने तार पढ़कर जेब में रख लिया और अदालत में अपनी जिरह जारी रखी। आखिर यह एक आदमी की जिंदगी और मौत का सवाल था। जो चला गया, वह लौटकर आने वाला न था। जिसे बचाया जा सकता था, उसके लिए प्रयास करना एक वकील का पहला कर्तव्य था। वल्लभभाई अपनी आंतरिक व्यथा का विषपान चुपचाप कर गए। उन्होंने सिद्ध कर दिया कि भावना से कर्तव्य ऊँचा है।

झबेरबा चली गईं। उनके प्रति सर्वथा समर्पित, उनके दुःख-सुख की संगिनी झबेरबा। वह सत्रह वर्ष विवाहित रहे थे, पर पति-पत्नी को साथ रहने का सुखद संयोग केवल छह वर्ष ही नसीब हुआ। सरदार के बच्चे भी उस समय बहुत छोटे थे। बेटी मणिबेन कुल चार साल की और बेटा डाह्याभाई तीन ही साल का था। पत्नी का वियोग और उसे न बचा सकने का दुःख वल्लभभाई को आजीवन कचोटता रहा। हालाँकि उस समय उनकी आयु मात्र तैंतीस वर्ष की थी, उन्होंने फिर से विवाह न करने का दृढ़ निश्चय कर लिया।

एक और वज्रपात

जैसा कि हम पहले बता चुके हैं कि वल्लभभाई की पत्नी झबेरबा का दु:खद निधन 11 जनवरी, 1909 को हुआ था। परिवार अभी इतने बड़े सदमे से पूरी तरह उबरा भी न था कि विट्ठलभाई की पत्नी अचानक गंभीर रूप से बीमार पड़ गईं। 1910 के आरंभ में वह भी परलोक सिधार गईं।

इस शोक से उबरने में दोनों भाइयों को कुछ दिन लगे। पत्नी झबेरबा की अस्वस्थता और बाद में उसके निधन के कारण सरदार पटेल का इंग्लैंड जाकर बैरिस्टरी पास करने का कार्यक्रम स्थगित हो गया था। एक तो व्यक्तिगत रूप से यह उनके लिए बहुत बड़ा आघात था, दूसरे इस दु:खद घटना के बाद परिवार को सँभालने की व्यावहारिक समस्याएँ भी थीं। इसलिए विट्ठलभाई के लौटने के बावजूद अपने पूर्व कार्यक्रम के अनुरूप वल्लभभाई इंग्लैंड नहीं जा पाए।

जहाँ तक उनकी वकालत का सवाल था, वल्लभभाई को उसके लिए अब किसी बड़ी डिग्री की आवश्यकता न थी। उनकी वकालत की धाक इस कदर जम चुकी थी कि वह अब किसी उच्च शिक्षा के बिल्ले के मोहताज न थे। अब न तो उन्हें धन की कमी थी, न ही इतना अवकाश था कि वह विदेश जाकर आगे पढ़ सकें। पढ़ाई में खर्च तो होता ही, जितने दिन वह विदेश में रहते, वकालत की आमदनी भी न होती। पर वल्लभभाई के लिए ये बातें बहुत महत्त्व न रखती थीं। उन्हें तो आगे पढ़ने और अधिक-से-अधिक योग्य बनने की आकांक्षा की। आकांक्षा थी बाहर के स्वतंत्र समाज को देखने-समझने की। अत: उन्होंने अपने दोनों बच्चों को बंबई की क्वीन मेरी स्कूल की मिस विल्सन के पास छोड़ दिया और लंदन जाने की तैयारी में जुट गए।

उनके अनुज कासीभाई ने उस साल वकालत पास कर ली थी। अत: जाने से पहले सरदार ने अपनी सारी वकालत उसे सौंप दी। बोरसद का अपना घर भी उन्होंने उसे दे दिया, ताकि उसे अपनी वकालत की शुरुआत में अधिक संघर्ष न करना पड़े।

□

6

लंदन प्रवास

हम संतानों की छोटी उम्र में शादी रचाकर उनकी हत्या करते हैं। इससे बड़ा पाप व पशुता और क्या हो सकती है।

—सरदार पटेल

सरदार पटेल अगस्त 1910 में बैरिस्टरी की पढ़ाई करने के लिए इंग्लैंड रवाना हुए। इंग्लैंड जाने के लिए उन्होंने सूट भी पहली बार सिलवाया और छुरी-काँटे से खाने का थोड़ा अभ्यास किया। सरदार पटेल ने उससे पहले कभी समुद्री यात्रा नहीं की थी, न ही समुद्री जहाज देखा था। अत: वह इसके बिलकुल अभ्यस्त न थे। नतीजा वही हुआ, जिसे अंग्रेजी में सी-सिकनेस कहते हैं, यानी समुद्र की हवा और नमी के कारण उनकी तबीयत खराब हो गई। कुछ उपचार करने और थोड़ा अभ्यस्त हो जाने के बाद धीरे-धीरे इसमें सुधार हुआ। लंदन तक की समुद्री यात्रा के दौरान सरदार के पास काफी समय था। उन्होंने इसका उपयोग रोमन कानून का अध्ययन करने में किया। लंदन पहुँचने तक उन्होंने इसकी कई पुस्तकें पढ़ डाली थीं और काफी कुछ कंठस्थ कर लिया था।

लंदन में अपना अध्ययन उन्होंने मिडिल टेंपुल में शुरू किया। वह एक सस्ते से बोर्डिंग हाउस में रहते थे और अपना सारा समय तथा ध्यान अध्ययन पर केंद्रित रखते थे। सबसे पहले उन्होंने समुद्री यात्रा के दौरान किए अपने अध्ययन का उपयोग करते हुए रोमन-लॉ की परीक्षा दी और उसमें सरलतापूर्वक उत्तीर्ण हो गए।

वल्लभभाई एक सीमित रकम लेकर इंग्लैंड में पढ़ने आए थे, इसलिए

अपनी पढ़ाई के दौरान उन्होंने हर तरह की किफायत से काम लिया। उनके बोर्डिंग हाउस से कॉलेज करीब 12 मील की दूरी पर था। लेकिन बचत करने के उद्देश्य से वह हमेशा पैदल चलकर वहाँ आते-जाते थे। वह सुबह जल्दी ही चल पड़ते, ताकि प्रातः 9.00 बजे पुस्तकालय खुलने तक वहाँ पहुँच जाएँ। लंदन की चमक-दमक, वहाँ के आधुनिक जीवन के विलास उनका कोई वास्ता न था। वह विद्यार्थी थे और विद्याध्ययन ही उनका एकमात्र उद्देश्य था। विद्यार्थी होने के साथ-साथ वह पूर्ण भारतीय भी थे। उन्होंने अपने स्वदेशी संस्कारों को बनाए रखा और मनोयोग से पढ़ाई में जुटे रहे।

अपने अध्ययन का मुख्य स्रोत वल्लभभाई ने पुस्तकालय को बनाया। एक तो इससे कानून की महँगी किताबों का खर्च बचता था, दूसरे वहाँ हर प्रकार की किताबें बहुतायत में उपलब्ध थीं। पुस्तकालय का वातावरण भी अध्ययन के लिए बोर्डिंग हाउस से बेहतर था ही। लिहाजा वह प्रातः पुस्तकालय खुलने के समय पर ही वहाँ पहुँच जाते और अध्ययन के लिए जितना भी समय मिलता, सब वहीं बिताते। खाने-पीने को आस-पास जो कुछ सादा-स्वच्छ मिलता, उस पर गुजारा करते। पुस्तकालय बंद होने से पहले वह कभी वहाँ से नहीं उठे।

अद्वितीय परिणाम

इस कठोर परिश्रम का परिणाम भी उसके अनुरूप ही सामने आया। इंग्लैंड में बैरिस्टरी की पढ़ाई पूरी करने के लिए कुल 12 टर्म पास करने होते थे। पहली टर्म के पहले प्रश्न-पत्र में ही वल्लभभाई ने सबसे अधिक नंबर प्राप्त किए। इसके लिए उन्हें 5 पाउंड का पुरस्कार दिया गया, जो उस जमाने में बहुत छोटी रकम न थी। परीक्षाओं में बहुत अच्छे परिणाम के कारण वल्लभभाई को दो टर्म की छूट मिल गई थी। इस तरह उन्होंने अपनी बैरिस्टरी की पढ़ाई निर्धारित समय से छह महीने पहले ही पूरी कर ली। उन्होंने अपनी परीक्षा प्रथम श्रेणी में प्रथम स्थान लेकर उत्तीर्ण की तो इस सफलता की गूँज पूरे लंदन में सुनाई दी।

वल्लभभाई ने जून 1911 में बैरिस्टरी की परीक्षा पास की। किसी भारतीय के इस तरह सफल होने का यह पहला और एकमात्र उदाहरण था। इंग्लैंड में बसने वाले भारतवासियों की खुशी का ठिकाना न रहा। चारों तरफ

से बधाई देनेवालों का ताँता लग गया। अंग्रेज आमतौर पर भारतीयों को हर लिहाज से अपने से पिछड़ा हुआ समझते थे। सरदार की सफलता के समाचार वहाँ के दैनिक समाचार-पत्रों में छपे तो वे भी कम प्रभावित न हुए। दूसरों की प्रशंसा करने का गुण भी इस कौम ने प्रदर्शित किया। कई अंग्रेजों ने खुले दिल से उनकी प्रशंसा की और बधाई दी।

एक अंग्रेज श्री शेडर्ज का यहाँ उल्लेख करना अप्रासंगिक न होगा। वह कभी गुजरात में कमिश्नर थे और अब लंदन में सेवानिवृत्त जीवन बिता रहे थे। वल्लभभाई की अभूतपूर्व सफलता का समाचार पढ़कर वह इतने प्रभावित हुए कि स्वयं उनसे मिलने आ गए। बधाई देने के साथ-साथ उन्होंने सरदार पटेल को अपने घर पर भोजन का न्योता भी दे डाला।

पश्चिमी समाज से परिचय

परीक्षा तो उत्तीर्ण कर ली, लेकिन बैरिस्टर की उपाधि प्राप्त करने में अभी समय था और कुछ औपचारिकताएँ बाकी थीं। वल्लभभाई अभी तक लंदन में जरूर थे, पर उन्हें अपने दाएँ-बाएँ भी देखने का अवकाश न था। अब उनके पास पर्याप्त समय था। उनकी सफलता की सुगंध चारों तरफ फैल रही थी और लंदन के समाज में विचरण अब उनके लिए अपेक्षाकृत सहज-सरल हो गया था।

एक अध्ययन समाप्त हुआ तो दूसरा शुरू हो गया। यह व्यावहारिक अध्ययन उस पुस्तकीय अध्ययन से कम महत्त्वपूर्ण न था। इसके मुख्य रूप से तीन पहलू थे। एक तो सरदार पटेल ने लंदन की अदालतों में जाकर वहाँ की न्याय व्यवस्था व कार्य-प्रणाली को देखने-समझने का प्रयास किया। एक स्वाधीन देश और एक परतंत्र देश की न्याय-व्यवस्था का अंतर कम चौंकानेवाला न था। इसके अलावा वहाँ की अदालती कार्रवाइयाँ देखकर उन्होंने न्याय-व्यवस्था की विभिन्न बारीकियों को समझा।

दूसरा पहलू था वहाँ के सामाजिक परिवेश को समझना। उन्होंने देखा कि इंग्लैंड के निवासी अपने नागरिक अधिकारों के प्रति कितने सजग और जागरूक हैं। उनका तनिक भी हनन उन्हें सहन नहीं होता। मानव अधिकारों का महत्त्व इस समाज ने किस हद तक समझा है और यहाँ उसका कितना आदर किया जाता है। वल्लभभाई यह सोचकर बहुत खिन्न हुए कि यही लोग

भारत आकर कितने निरंकुश हो जाते हैं और किस निर्ममता से मानव अधिकारों का हनन करते हैं।

तीसरा पहलू उनके अपने व्यक्तित्व से संबंधित था। पश्चिमी समाज में विचरण करने और उनके तौर-तरीके सीखने का भरपूर लाभ वल्लभभाई ने इस दौरान उठाया। उन्होंने अंग्रेजी खान-पान और पहनावा अपना लिया। आखिर भारत हो या इंग्लैंड, यह उस समय की माँग थी। इसी का आदर होता था और यह प्रतिष्ठा उनकी व्यावसायिक सफलता में भी सहायक बनती थी। □

7

स्वदेश वापसी

> *जनता की उन्नति उसके साहस, उसके चरित्र और उसकी बलिदान देने की शक्ति पर निर्भर करती है।*
>
> *—सरदार पटेल*

बैरिस्टर बनने के बाद वल्लभभाई 13 फरवरी, 1913 को स्वदेश लौटे। बंबई पहुँचने पर उन्होंने उच्च न्यायालय के मुख्य न्यायाधीश सर बेसिल स्कॉट से भेंट की। सर बेसिल ने उनकी योग्यता को देखते हुए उन्हें न्यायाधीश का पद देने की पेशकश की। लेकिन पटेल ने यह कहकर विनम्रतापूर्वक मना कर दिया कि उनका इरादा अपनी खुद की वकालत करने का है।

सरदार पटेल एक सीधे-सादे भारतीय के रूप में लंदन गए थे। लेकिन जब वह लौटे तो पूरी तरह पश्चिमी रंग में रँग चुके थे। वह वहाँ से बहुत बढ़िया किस्म के सूट लेकर आए थे। उनके साथ ही उम्दा किस्म का फैल्ट हैट भी लाए थे, जिसे पहनना उस जमाने के संभ्रांत वर्ग में आम रिवाज था। सरदार वहाँ से सिगरेट और सिगार पीने की आदत भी साथ लाए थे। और तो और, अब उनको विहस्की पीने से भी परहेज न था; जबकि उन दिनों गुजरातियों में, खासतौर पर उनकी जातिवालों में, मांस-मदिरा का सेवन अपवाद-स्वरूप भी न था।

बंबई नहीं, अहमदाबाद

सरदार के बड़े भाई विट्ठलभाई बंबई में वकालत करते थे। बंबई उस जमाने में भी महानगरी थी, जो वल्लभभाई जैसे इंग्लैंड से बैरिस्टरी पास

किए वकील के लिए बहुत उपयुक्त थी। पर उन्होंने बंबई की अपेक्षा अपनी वकालत के लिए अहमदाबाद को चुना। इसका कारण शायद यह रहा हो कि अहमदाबाद से उनका पैतृक गाँव करमसद (जिला खेड़ा) लगभग 50 मील की दूरी पर ही था। खेड़ा की सेशन अदालत भी अहमदाबाद में ही थी। कदाचित् वल्लभभाई चाहते थे कि उनकी बैरिस्टरी की योग्यता का लाभ खेड़ावासियों को भी मिलना चाहिए। इसके अलावा उनके बहुत से पुराने मवक्किल भी आस-पास से ही थे। इससे उन्हें अहमदाबाद में वकालत जमाने में सुविधा रहती।

दिग्गजों पर हावी

उस समय अहमदाबाद में कई नामी वकील थे। वे अपने पेशे में बहुत जमे हुए थे और सरदार उनकी अपेक्षा नए थे। लेकिन उनकी अनोखी तर्क-शक्ति और निर्भीकता से आस-पास के लोग पहले से ही परिचित थे। अब विलायत की पढ़ाई तो मानो सोने पर सुहागा हो गया। जल्दी ही उनकी वकालत चल निकली और वह पुराने जमे हुए वकीलों पर भी भारी पड़ने लगे।

सरदार अभी भी पहले की तरह फौजदारी मुकदमे ही लड़ते थे। वह दूसरों से ज्यादा फीस लेते थे, लेकिन फिर भी मुवक्किल उनके पास आते थे। खास तौर पर वे मुवक्किल, जिन्हें झूठे मामलों में फँसाया गया हो। उन्हें पता था कि झूठ की पोल खोलने में वल्लभभाई का जवाब नहीं है। गवाहों से वह ऐसी जिरह करते हैं कि उनका झूठ किसी तरह टिक न पाता। पुलिसवाले अपनी जालसाजी की पोल खुलने के डर से उनसे कतराते। अपने अधिकार की सीमा लाँघने व मनमानी करने वाले मजिस्ट्रेटों का भी उन्होंने लिहाज नहीं किया। वह किसी-न-किसी तरह उनको राह पर ले आते।

इस बारे में एक मजिस्ट्रेट मिस्टर फोक्स का किस्सा मशहूर है। वह गोरा दिन के बजाय रात को 9 बजे से 12 बजे तक अदालत लगाता था। बेचारे वकील व मुवक्किल क्या करते। उन्हें मजबूरन उस समय उसकी अदालत में पेश होना पड़ता। लेकिन सरदार तो सरदार थे, उन्होंने उसे सबक सिखाने का अनोखा ढंग निकाला। एक मुकदमा फोक्स की लंबी अदालत में था। वल्लभभाई ने उसकी लगातार ऐसी जिरह की कि रोज सुबह होने तक

अदालती कार्रवाई जारी रहती। फोक्स के छक्के छूट गए, पर वह नामी बैरिस्टर से कुछ कह भी नहीं सकता था। वह कोई अप्रासंगिक बातें तो कर नहीं रहे थे। उसने हथियार डाल दिए और अपनी अदालत का समय बदलकर दूसरी अदालतों की तरह ही दिन का कर दिया।

खेड़ा जिले के निवासी (जहाँ के वल्लभभाई खुद भी थे) अपने दबंग और विद्रोही स्वभाव के कारण अंग्रेजों के लिए अपराधी किस्म के लोग थे और वह क्षेत्र अपराधग्रस्त माना जाता था। उनके एक मुवक्किल की जमानत न होने पर वल्लभभाई ने अदालत से सीधा सवाल किया कि क्या खेड़ा के हर निवासी को कोई प्रमाण हो या न हो, अपराधी मान लिया जाता है? मजिस्ट्रेट इस सीधे आरोप से तिलमिलाया तो सरदार ने दूसरा सवाल दागा, "तो फिर इस व्यक्ति की जमानत मंजूर क्यों नहीं की गई, जबकि इसके विरुद्ध कोई ठोस प्रमाण नहीं है?"

मजिस्ट्रेट ने थोड़े समय के लिए अदालत की काररवाई मुल्तवी कर दी और इस दौरान चुपचाप उसकी जमानत मंजूर कर ली। यानी उनके दो सवालों ने वह काम कर दिखाया, जो किसी अच्छे-से-अच्छे वकील की लंबी जिरह नहीं कर सकती थी।

अनोखी शान

वल्लभभाई स्वयं तो विशेष पश्चिमी पहनावे से सज-धजकर रहते ही थे, उन्होंने अपना दफ्तर भी बहुत आधुनिक साज-सज्जावाला बनाया था। अदालत के पास ही एक क्लब था, जिसके सदस्य अधिकतर वकील थे। इसलिए बहुत से स्थानीय लोग इसे 'वकीलों का क्लब' कहकर पुकारते थे। सरदार पटेल भी इसके सदस्य थे। शाम को अदालती काररवाई से मुक्त होने के बाद वह अपना समय उस क्लब में गुजारते और आमोद-प्रमोद से अपनी थकान मिटाते।

जी.वी. मावलंकर, जो पहली लोकसभा के अध्यक्ष बने, उनके घनिष्ठ मित्रों में से थे। उन्होंने तत्कालीन वल्लभभाई पटेल के व्यक्तित्व का शब्दचित्र बहुत सटीक व दिलचस्प अंदाज में खींचा है, "एक चुस्त युवक। शानदार सूट में सजा-धजा। एक खास कोण का फेनेट पहने। वह स्वभाव से थोड़ा कठोर व अल्पभाषी है। आँखें चमकीली व पैनी, मानो अंदर तक भेद जाएँगी।

अभिवादन का उत्तर देता है, पर बातचीत उससे आगे नहीं बढ़ाता। सारी दुनिया को जैसे अपनी उत्कृष्टता की ऊँचाई से नीचे देखता है। इसी श्रेष्ठता की भावना से जब कभी कुछ बोलता है तो उसके हर शब्द में आत्मविश्वास की झलक मिलती है। ऐसा है वह अहमदाबाद में आया नया बैरिस्टर।''

पटेल को ब्रिज खेलने का बहुत शौक था। वह इस खेल में माहिर भी थे। इस बारे में एक किस्सा बड़ा दिलचस्प है, जिसका बयान करने का लोभ हम संवरण नहीं कर पा रहे हैं। क्लब में एक मिस्टर वाडिया थे। उन्हें भी अपनी ब्रिज की महारत पर बड़ा नाज था। जैसा कि क्लबों में कई बार हो जाता है, उन्होंने सरदार पटेल को चुनौती दे डाली। उन्हें सबक सिखाने के लिए सरदार पटेल से कहा कि वह पैनी-पैनी का खेल पसंद नहीं करते। 100 पाइंट के लिए 5 पाउंड की शर्त हो तो चुनौती मंजूर है। 5 पाउंड उस जमाने में बहुत बड़ी रकम होती थी। पर वाडिया को अपनी ब्रिज की महारत पर पूरा भरोसा था। वह राजी हो गए। ब्रिज का दौर शुरू हुआ। सारा क्लब बड़ी उत्सुकता से यह मैच देख रहा था। क्लब के बाहर भी इसकी चर्चा थी। पहले दिन मिस्टर वाडिया 20 पौंड हारे। अगले दिन उन्होंने और जोर मारा, लेकिन नतीजा उलटा ही निकला। वह 30 पौंड हार गए। ये अच्छी-खासी रकमें थीं। श्रीमती वाडिया तीसरे दिन क्लब में आईं और वल्लभभाई से अनुरोध किया कि मुकाबले की शर्तों को भुलाकर खेल यहीं खत्म कर दें। वह हँस पड़े और तुरंत खेल बंद कर दिया।

इन दिनों वल्लभभाई की वकालत अपने शीर्ष पर भी। उनकी ख्याति दूर-दूर तक फैल चुकी थी और पैसा बरस रहा था। उनके अग्रज विट्ठलभाई पटेल बंबई में अब वकालत की अपेक्षा देश-सेवा व समाज-सेवा की तरफ अधिक ध्यान देने लगे थे। दोनों में मानो एक मौन समझौता हो गया था कि परिवार की सेवा वल्लभभाई करेंगे, समाज की विट्ठलभाई; क्योंकि परिवार की जिम्मेदारियाँ उठाना अब वल्लभभाई के लिए कुछ मुश्किल न था। तब तक शायद उन्हें भी मालूम न था कि वह भी जल्दी ही राष्ट्र सेवा में जुटने वाले हैं।

ऐतिहासिक मोड़

जनवरी 1915 में महात्मा गांधी दक्षिण अफ्रीका से भारत लौटे। उनके

स्वदेश लौटने के बाद वार्त्ता करते सरदार पटेल।

आने से पहले उनकी ख्याति भारत पहुँच चुकी थी। भारत लौटने पर गांधीजी का समुचित स्वागत-सम्मान हुआ। लेकिन बाद में उनके अनन्य भक्त बननेवाले वल्लभभाई पटेल उस समय उनके व्यक्तित्व या विचारों से कतई प्रभावित न हुए। यहाँ तक कि शुरू-शुरू में तो उन्होंने गांधीजी का मजाक ही उड़ाया। उनके मित्र मावलंकर गांधीजी का भाषण सुनने जा रहे थे। सरदार ने उन्हें टोका, "वहाँ जाकर क्या करोगे। उसका भाषण सुनकर क्या करोगे, जो अंग्रेजों को ब्रह्मचर्य का उपदेश देता है। भला भैंस को भागवत सुनाने का कोई लाभ हो सकता है!"

महामारी का प्रकोप

इसके कुछ दिनों बाद ऐसी घटना घटी, जिससे सरदार पटेल का सार्वजनिक जीवन आरंभ हुआ। सन् 1917 के आरंभ में अहमदाबाद में प्लेग की महामारी फैली और चारों ओर इस जानलेवा रोग के कारण आतंक का वातावरण फैल गया। पटेल शहर के बहुत स्वच्छ व संभ्रांत लोगों के इलाके में रहते थे, लेकिन वहाँ भी कुछ लोगों की मृत्यु प्लेग से हुई। उन्होंने महसूस किया कि इस महामारी से बचने के उपायों की पूरी जानकारी न होने के कारण लोग इसकी चपेट में आ रहे हैं। उन्होंने एक कमेटी का गठन किया और महामारी से राहत दिलाने के कार्यों में जुट गए। यह कोई मामूली बात न थी। इसमें जान का खतरा था, लेकिन सार्वजनिक हित के आगे वल्लभभाई ने अपनी निजी सुरक्षा की चिंता नहीं की। इससे उनके अंदर अपने लोगों के कष्टों को दूर करने की जो भावना थी, उसका एक प्रत्यक्ष प्रमाण देखने को मिला।

हृदय परिवर्तन

सन् 1917 में एक निर्धन किसान राजकुमार शुक्ला की गुहार पर गांधीजी चंपारण (बिहार) के किसानों की व्यथा-कथा सुनने वहाँ पहुँचे। वहाँ नील की खेती करने वाले किसानों का गोरे साहबों और उनका समर्थन करनेवाली सरकार द्वारा घोर शोषण हो रहा था। गांधीजी ने इस अन्याय के विरुद्ध सत्याग्रह छेड़ा तो उसके समाचार देश भर के अखबारों में प्रकाशित हुए। दक्षिण अफ्रीका में गांधीजी के छेड़े आंदोलन की खबर तो वल्लभभाई को थी। अपने देश में भी अन्याय व अत्याचार के विरुद्ध संगठित संघर्ष करने के उनके साहस और तौर-तरीके से वह बहुत प्रभावित हुए। इस एक घटना ने महात्मा गांधी के प्रति वल्लभभाई की राय को पूरी तरह बदल दिया।

गुजरात सभा

वैसे पटेल और गांधी के निकट आने का संयोग इससे दो साल पहले सन् 1917 में ही गुजरात सभा की राजनीतिक परिषद् की बैठक के कारण बन गया था। गोधरा में संपन्न हुए इस सम्मेलन में वल्लभभाई ने सार्वजनिक जीवन के प्रभाव और गांधीजी की कार्यशैली को निकट से देखा। यों तो परिषद् की बैठक गुजरात के लोगों के लिए थी, लेकिन इसमें भाग लेने के लिए बंबई से भी कई नेता आए थे। वल्लभभाई के अग्रज विट्ठलभाई पटेल लंबे समय से बंबई में बस गए थे, लेकिन वह विशेष रूप से इसमें शामिल हुए। तब पूर्णत: राष्ट्रवादी व सांप्रदायिक एकता के समर्थक माने जानेवाले मुहम्मद अली जिन्ना लोकमान्य बाल गंगाधर तिलक व उनके निकट सहयोगी शापर्डे भी पधारे। इन सबका गोधरा आने पर भव्य स्वागत किया गया। सम्मेलन को सफल बनाने के लिए गोधरा के नागरिकों ने काफी चंदा इकट्ठा किया था और बड़े परिश्रम से एक अन्य पंडाल तैयार किया गया था।

महात्मा गांधी को गोधरा सम्मेलन की अध्यक्षता करने के लिए विशेष रूप से निमंत्रण भेजा गया था। गांधीजी इसके अध्यक्ष बने तो कुछ-न-कुछ नया और ऐतिहासिक होना लाजमी था। उन्होंने अपनी मौलिक सोच की छाप सम्मेलन के आरंभ में ही उस पर छोड़ी। पहला निर्णय यह लिया गया कि सम्मेलन में कोई भी भाषण अंग्रेजी में नहीं दिया जाएगा, जबकि इससे पहले

सभी अंग्रेजी में बोलते थे। सब गुजराती में बोलेंगे। लोकमान्य तिलक को छोड़ सभी गुजराती में ही बोले। तिलक की विवशता थी कि उन्हें गुजराती नहीं आती थी। उनके भाषण का अनुवाद शापर्डे ने दुभाषिया बनकर गुजराती में कर दिया।

यह निर्णय गांधीजी ने स्वदेशी के प्रति अपने अनुराग और आम आदमी से अपनी सभी गतिविधियों को जोड़ने की सोच के कारण लिया था। जन-आंदोलन के लिए शक्ति का स्रोत तो जनता ही होती है। तो फिर सबको अपने विचार उसी की भाषा में व्यक्त करने चाहिए।

दूसरा महत्त्वपूर्ण निर्णय था कार्यक्रम का आरंभ ब्रिटिश साम्राज्यवाद के प्रति वफादारी की शपथ लिये बिना करना। अब से पहले सभी कार्यक्रम इस शपथ के साथ आरंभ किए जाते थे। गांधीजी ने यह कहते हुए इस परंपरा को भंग किया कि जब खुद अंग्रेज अपने किसी कार्यक्रम के आरंभ में ऐसी कोई शपथ नहीं लेते तो हम लोग क्यों लें।

इस सम्मेलन में गांधीजी गुजरात सभा के अध्यक्ष और वल्लभभाई पटेल महामंत्री चुने गए। तब से इन दोनों की जोड़ी बनी तो सदा के लिए बनी रही। गांधीजी ने एक और बड़ा फैसला यह किया कि परिषद् की गतिविधियाँ साल भर जारी रहेंगी। इससे पहले उसकी सारी गतिविधियाँ साल में एक बार होनेवाले अधिवेशन और कुछ प्रस्ताव पास करने तक ही सीमित थीं।

बेगार की समस्या

सरकारी अफसर जब किसी गाँव के दौरे पर आते थे तो उनकी खातिरदारी का सारा जिम्मा गाँववालों पर होता था। वे जिससे चाहते, मनमाना काम लेते। यह सब बेगार कहलाती थी, क्योंकि इसके लिए किसी तरह का कोई भुगतान नहीं किया जाता था। अब तक होमरूल लीग का गठन हो चुका था। इसके सदस्यों ने अन्य बातों के साथ बेगार का भी विरोध किया था। गोधरा में हुए गुजरात सभा के अधिवेशन में बाकायदा एक प्रस्ताव पास करके बेगारी बंद करने की माँग की गई थी।

गांधीजी ने इस बारे में एक पत्र का मसौदा तैयार किया। यह पत्र उत्तरी विभाग के कमिश्नर मिस्टर प्रेट को दिया जाना था। उन दिनों गांधीजी चंपारण में व्यस्त थे, अतः यह काम सरदार पटेल को करना था। पटेल ने पत्र

प्रेट को भेजकर बंगाल के औचित्य पर सवाल खड़ा किया और इस पर कमिश्नर से सरकारी दृष्टिकोण स्पष्ट करने की माँग की। इसके साथ उन्होंने गोधरा सम्मेलन में पारित किए गए प्रस्ताव की एक प्रति भी नत्थी कर दी।

किसी अंग्रेज अफसर को इस तरह की चुनौती की उम्मीद कतई न थी, खासतौर पर कमिश्नर को। पत्र पढ़ने पर प्रेट आपे से बाहर हो गया। उसने कुछ भी सोचे-विचारे बिना उसे फाड़कर फेंक दिया। कमिश्नर की तरफ से कोई जवाब न आने पर सरदार पटेल ने दूसरा पत्र लिखा, पर उसका भी कोई उत्तर नहीं मिला। कुछ इंतजार के बाद सरदार ने तीसरा पत्र दस दिन की चेतावनी के साथ भेजा। उसमें लिखा था कि अगर कमिश्नर ने इस अवधि के अंदर भी जवाब नहीं दिया तो फिर उन्हें मजबूरन संघर्ष का रास्ता अपनाना होगा। वह बेगारी के विरुद्ध पैंफ्लेट छपवाकर जनता में बाँटेंगे और ग्रामीणों का आह्वान करेंगे कि किसी को बेगार न दें।

अब प्रेट को लगा कि स्थिति गंभीर हो रही है। उसने इसका जवाब लिख भेजा कि पटेल जब चाहें, उसके दफ्तर में आकर इस बारे में बात कर सकते हैं। शायद प्रेट भूल गया था कि उसका वास्ता कानून के माहिर एक दक्ष बैरिस्टर से पड़ा है। वल्लभभाई ने जवाब में लिखा कि बातचीत की जरूरत कहाँ है। अगर बेगार संबंधी कोई कानून है तो हमें उसकी जानकारी दी जाए। साथ ही यह भी लिख दिया कि प्रेट चाहें तो कभी भी मेरे दफ्तर में आकर इस बारे में चर्चा कर सकते हैं।

जब दस दिन की चेतावनी की अवधि बीत गई और कमिश्नर की तरफ से कोई जवाब नहीं आया तो सरदार पटेल ने अपनी योजना के अनुसार पैंफ्लेट छपवाकर ग्रामीणों में वितरित किए। इसके बाद संघर्ष का दौर शुरू हुआ। ग्रामीणों ने बेगार से मना कर दिया और कोई काम बताए जाने पर उन्होंने उसका भुगतान माँगना शुरू कर दिया। बेगार का कोई कानूनी आधार तो था नहीं, इसलिए सरकारी अफसरों को मन मारकर इस हरकत से बाज आना पड़ा और इस तरह सरदार के प्रयास से ग्रामीणों को बेगार से राहत मिली।

□

8

खेड़ा सत्याग्रह

हमारे मन में ऐसी श्रद्धा बनी रहनी चाहिए कि सच्चाई पर निर्भर कार्य में ईश्वर हमारा साथ देगा, हमारा सहायक होगा।

—सरदार पटेल

चंपारण के बाद देश में जो दूसरा महत्त्वपूर्ण सत्याग्रह आरंभ हुआ, वह खेड़ा का था। सन् 1917 तक भयंकर वर्षा के कारण खेड़ा में फसलें बरबाद हो गई थीं और कृषि पर आधारित किसानों में भूखमरी की नौबत आ गई थी। पहले के मुकाबले 25 प्रतिशत भी फसल न हुई तो सरकार के लिए लगान वसूल करने का कोई औचित्य नहीं बनता था। ऐसे में उसने एक चालाकी चली। लगान वसूली के लिए झूठे आँकड़े इकट्ठे किए और उनके दम पर किसानों से जोर-जबरदस्ती शुरू कर दी।

सरकार से गुहार करने का कोई नतीजा न निकला तो किसान वल्लभभाई पटेल के पास सहायता के लिए आए। सरदार ने कहा कि पहले मैं स्वयं जाकर देखूँगा कि वस्तुस्थिति क्या है, उसके बाद कोई निर्णय लूँगा। उन्होंने जिले का भ्रमण करके किसानों की दुर्दशा देखी, फिर बंबई सरकार को पत्र लिखकर लगान माफ करने को कहा। लेकिन इसका कोई असर न हुआ। इस पर सरदार पटेल ने गांधीजी को सारी स्थिति से अवगत कराके संघर्ष का नेतृत्व करने का अनुरोध किया। गांधीजी सत्याग्रह के लिए सहमत हो गए, लेकिन उन्होंने कहा कि मुझे अपने साथ गुजरात सभा का कम-से-कम एक सदस्य चाहिए, जो संघर्ष समाप्त होने तक पूरा समय इसके लिए दे सके। गांधीजी की खुशी का उस समय कोई ठिकाना न रहा, जब पटेल तुरंत अपनी सेवाएँ देने के लिए तैयार हो गए।

पश्चिमी पहनावा छोड़ा

किसान आंदोलन का नेता और सूट-बूट-टाई में, यह तो हो ही नहीं सकता था। फिर गांधीजी के साहचर्य ने वल्लभभाई को स्वदेशी का महत्त्व बहुत अच्छी तरह समझा दिया था। उन्होंने बड़े चाव से अपनाया शानदार पश्चिमी पहनावा त्याग दिया और खादी का धोती-कुरता पहनकर खेड़ा के समर प्रांगण में कूद पड़े। गांधीजी ने किसानों का आह्वान किया कि वे सरकारी आदेश की अवहेलना करके लगान न दें। बदले में सरकार ने दमन-चक्र चलाया। लगान-वसूली के लिए किसानों की जमीनें जब्त कर ली गईं, उनकी संपत्ति पर कब्जा कर लिया गया। यहाँ तक कि उनके पशुओं की भी नीलामी करके जबरन लगान-वसूली की गई।

पहले से ही अकाल की चपेट में आए खेड़ा के किसानों के लिए यह दोहरी मार थी, जिसे झेल पाना आसान न था। इसी दौरान गांधीजी को खेड़ा छोड़कर चंपारण में अपना काम पूरा करने के लिए जाना पड़ा। आखिर वह उसे भी तो अधूरा नहीं छोड़ सकते थे। अब सत्याग्रह का सारा भार सरदार पटेल पर आ गया। वह खेड़ा जिले के गाँव-गाँव में जाकर किसानों का मनोबल बढ़ाते रहे। उन्हें समझाते रहे कि चाहे कितने कष्ट झेलने पड़ें, सरकारी अत्याचार के सामने झुके नहीं। किसानों को अपने नेता पर अटूट विश्वास था, वे हर प्रकार के दमन का मुकाबला पूरी दृढ़ता से करते रहे।

आखिरकार सरकार को आंदोलनकारी किसानों के सामने झुकना पड़ा। उसने मान लिया कि जो किसान लगान देने की स्थिति में हैं, केवल उनसे ही लगान वसूल किया जाएगा, बाकियों को लगान माफी दी जाएगी। यही सत्याग्रहियों की माँग भी थी। संघर्ष सफल रहा और आंदोलन इसके साथ ही समाप्त कर दिया गया।

दो कारणों से खेड़ा सत्याग्रह को ऐतिहासिक महत्त्व दिया जाता है। एक तो इससे सिद्ध हो गया कि सत्याग्रह का तरीका प्रभावशाली है और इसके इस्तेमाल से हुकूमत की ताकत को झुकाया जा सकता है। यह संगठन की शक्ति का ऐसा प्रत्यक्ष प्रमाण था जिसने निराशा के अंधकार में डूबे जनसाधारण में एक नए उत्साह का संचार किया, जो आगे चलकर स्वाधीनता संग्राम का संबल बना। दूसरा महत्त्वपूर्ण कारण था सरदार पटेल का राष्ट्रीय नेता के रूप में उभरकर सामने आना। उन्होंने अपने अथक प्रयास और संगठन

शक्ति के बल पर इस सत्याग्रह को सफल बनाया था। आगे चलकर यही सरदार पटेल राष्ट्रीय स्वाधीनता संग्राम के एक महान् सेनानायक बने।

नाडियाद की सभा

खेड़ा सत्याग्रह के समापन का समारोह नाडियाद में 29 जून, 1918 को मनाया गया। इस अवसर पर एक विशाल जुलूस निकाला गया, जो बाद में जनसभा में परिवर्तित हो गया। नाडियाद के नागरिकों ने स्थान-स्थान पर जुलूस का फूलों की वर्षा और नारों से स्वागत करके उसमें भाग लेनेवालों का उत्साह बढ़ाया। सभा में गांधीजी का सम्मान करते हुए उन्हें एक प्रशस्ति-पत्र भेंट किया गया। उत्तर में गांधीजी ने संघर्ष की सफलता का श्रेय सरदार पटेल को देते हुए उनकी भूरि-भूरि प्रशंसा की। जिस तरह आरंभ में वल्लभभाई की राय गांधीजी के लिए बहुत अच्छी न थी, उसी तरह गांधीजी की राय भी उनके बारे में बहुत अच्छी न थी। इसे स्वीकार करते हुए गांधीजी ने कहा, "मैं मानता हूँ कि जब पहले-पहल मेरी मुलाकात वल्लभभाई से हुई तो मैंने सोचा कि अक्खड़ स्वभाववाला यह व्यक्ति कौन होगा, और यह क्या करेगा…। अगर वल्लभभाई मुझे न मिले होते तो मैं जो काम कर पाया हूँ, शायद ही कर पाता। इनका मुझे इतना अच्छा अनुभव हुआ है।"

भरती अभियान

अंग्रेजों को प्रथम विश्वयुद्ध के लिए बड़ी संख्या में सैनिकों की आवश्यकता थी। वायसराय का विचार था कि इसके लिए उन्हें जबरन भरती का आदेश जारी करना पड़ेगा। उन्होंने इस विषय पर विचार-विमर्श के लिए अप्रैल 1918 में दिल्ली में 'युद्ध परिषद्' की बैठक बुलाई, जिसमें गांधीजी भी आमंत्रित थे। जबरन भरती का विरोध करते हुए गांधीजी ने वायसराय को आश्वस्त किया कि भारतवासी इस संकट की घड़ी में ब्रिटिश साम्राज्य की सहायता करेंगे।

वायसराय ने प्रस्ताव मान लिया और गांधीजी लौटकर सरदार पटेल के साथ भरती के लिए लोगों को प्रेरित करने के काम में जुट गए। इसके लिए उन्हें गाँव-गाँव घूमकर लोगों को समझाना पड़ा कि वह अंग्रेजों के विरुद्ध होते हुए भी इस मामले में उनका साथ क्यों दे रहे हैं। बहुत से ग्रामीण इस

बात को लेकर असमंजस में थे कि आखिर गांधीजी सेना में भरती होने के लिए क्यों कह रहे हैं और सरदार पटेल को उन्होंने रिक्रूटिंग सार्जेंट क्यों बनाया है। बहरहाल यह सिलसिला बहुत लंबा नहीं खिंचा। 11 नवंबर, 1918 को जर्मनी की हार के साथ विश्वयुद्ध समाप्त हो गया। इसके साथ ही रिक्रूटिंग की आवश्यकता नहीं रही।

म्यूनिसिपैलिटी के अध्यक्ष

सन् 1924 में सरदार पटेल अहमदाबाद म्यूनिसिपैलिटी के अध्यक्ष चुने गए। उन्होंने सारा समय नगर को स्वच्छ व सुंदर बनाने में लगा दिया। यह पटेल पर गांधीजी का ही प्रभाव था कि उन्होंने लोगों को सफाई के लिए प्रेरित करने के लिए खुद हाथ में झाड़ू पकड़कर सफाई की। उन्होंने शहर में पार्क, मनोरंजन केंद्र और खेल के मैदान विकसित करवाए।

भारतीय राष्ट्रीय कांग्रेस ने असहयोग आंदोलन का प्रस्ताव पास कर दिया था। इसके आलोक में सरदार पटेल ने नगरपालिका से आग्रह किया कि सभी स्कूलों को सरकारी नियंत्रण से मुक्त किया जाए। सरकारी नियंत्रण का अर्थ था शिक्षा भी सरकार के दृष्टिकोण से दी जाए; जबकि पटेल राष्ट्रवादी शिक्षा के पक्षधर थे। उन्होंने स्कूल इंस्पेक्टर को कहलवा दिया कि वह अब नगरपालिका के स्कूलों का निरीक्षण करने न आए। नगरपालिका ने इस विषय में जो कानून पास किया था, उसे रद्द करते हुए कमिश्नर ने सरकार की नाराजगी जाहिर की। उसने नगरपालिका को आदेश दिया कि अपने स्कूल सरकार के हवाले कर दे। जवाब में नगरपालिका ने एक महीने के लिए स्कूल बंद कर दिए। इसके साथ ही सरकार को पत्र लिखकर माँग की कि वह 300 शिक्षकों को वापस बुला ले। सरकार के सामने समस्या पैदा हो गई कि इतने शिक्षकों को कहाँ खपाए। सरकार ने स्कूल का हिसाब जाँचने के लिए निरीक्षक भेजने का पत्र दिया तो जवाब में नगरपालिका ने लिखा कि जब हमने आपसे अनुदान लेना बंद कर दिया तो आपको हिसाब माँगने का क्या अधिकार है?

यह सीधा टकराव था, जिससे गोरी सरकार बहुत तिलमिलाई। कमिश्नर ने नगरपालिका को एक नोटिस भेजा कि वह अपने कर्तव्य का निर्वाह सही तरीके से नहीं कर रही है। इसके साथ ही स्कूलों को सरकारी नियंत्रण में ले लिया गया। टकराव बढ़ा तो बौखलाए हुए कमिश्नर ने सरकार से नगरपालिका

को भंग करने का अनुरोध किया। लिहाजा सरकार ने नगरपालिका को एक आदेश जारी करके निलंबित कर दिया। उसका सारा कार्य संचालित करने के लिए एक समिति बना दी गई। वल्लभभाई ने सरकार की इस काररवाई का तीव्र विरोध किया।

राष्ट्रीय शिक्षा संस्थान

चूँकि सारा विवाद स्कूलों से शुरू हुआ था, सरदार पटेल ने मूल समस्या का हल समानांतर शिक्षा के लिए राष्ट्रीय शिक्षा संस्थानों की स्थापना का निर्णय लेकर निकाला। उनकी अपील का व्यापक प्रभाव पड़ा और थोड़े ही समय में इस कार्य के लिए 1.25 लाख रुपए जमा हो गए। इस राशि की सहायता से 43 राष्ट्रीय स्कूल खोलकर वल्लभभाई ने शिक्षा पर सरकारी नियंत्रण का जवाब दिया। ब्रिटिश हुकूमत और कमिश्नर को कतई उम्मीद न थी कि परिस्थितियाँ ऐसा मोड़ ले लेंगी। अंततः हार मानते हुए सरकार ने दो वर्षों के बाद नगरपालिका को बहाल कर दिया। वल्लभभाई सन् 1928 तक उसके अध्यक्ष बने रहे। लेकिन उसके बाद बारदोली संघर्ष में पूरा समय देने के लिए उन्होंने अपने पद से त्यागपत्र दे दिया।

□

9

ब्रिटिश हुकूमत की कृतघ्नता

शक्ति-विहीन श्रद्धा निरर्थक है। किसी भी महान् कार्य को संपन्न करने के लिए श्रद्धा व शक्ति दोनों की आवश्यकता होती है।

—सरदार पटेल

प्रथम विश्वयुद्ध की संकट की घड़ी में गांधीजी ने हर तरह से ब्रिटिश हुकूमत का साथ देने का वादा किया था। वायसराय से दिल्ली में किया गया वादा उन्होंने पूरी तरह से निभाया और गुजरात के गाँव-गाँव में घूमकर सेना में भरती होने के लिए जनसाधारण को प्रेरित किया। गांधीजी की हर बात को शिरोधार्य करने वाले वल्लभभाई भी इस काम में उनके साथ थे।

गांधीजी को विश्वास था कि युद्ध समाप्त हो जाने के बाद ब्रिटिश हुकूमत कृतज्ञता प्रदर्शित करते हुए भारत को कुछ राहत अवश्य देगी। इसके लिए कुछ प्रस्ताव व माँगें पहले से ही कांग्रेस ने सरकार के सामने रखी हुई थीं। अधिकांश कांग्रेसी नेताओं को आशा थी कि सरकार होमरूल की माँग को स्वीकार कर लेगी। लेकिन ब्रिटिश सरकार ने सारे आश्वासन भुलाते हुए अपूर्व कृतघ्नता का परिचय दिया। उसने भारतीयों को अपमानित करनेवाले कानून पास करके इस बात का प्रमाण दे दिया कि युद्ध में विजयी होने पर उसकी निरंकुशता और अहंकार में वृद्धि हुई है।

रोलेट एक्ट

गोरी सरकार ने युद्ध के बाद रोलेट कमेटी की रिपोर्ट प्रकाशित करके सारे देश को आश्चर्य में डाल दिया। उसमें दो विधेयक पारित करने की

सिफारिश की गई थी। एक में अपील के अधिकार के बिना विशेष अदालतों द्वारा एकांत में मुकदमा चलाने का प्रावधान था। इसके साथ ही यह सिफारिश भी की गई थी कि किसी भी व्यक्ति को केवल संदेह के आधार पर गिरफ्तार किया जा सकता है। दूसरे विधेयक में तत्कालीन फौजदारी कानून में परिवर्तन करने की सिफारिश थी। उसके मुताबिक, अगर किसी के पास आपत्तिजनक दस्तावेज बरामद हों तो उसे दो साल के कारावास के दंड का प्रावधान किया गया था। रोलेट कमेटी ने यह सिफारिश भी की थी कि अगर किसी व्यक्ति पर संदेह हो कि वह कोई आपराधिक हरकत कर सकता है तो उससे जमानत की माँग की जाए।

यह सरकार के हाथों में असीमित अधिकार देने की बात थी। यह मानव अधिकारों का स्पष्ट और निर्लज्ज हनन था। यह भारत के साथ वादा-खिलाफी थी। ब्रिटिश सरकार के इस तरह पलटा खा जाने की सारे देश में तीव्र प्रतिक्रिया हुई। उस समय गांधीजी अस्वस्थ थे। लेकिन उन्हें ऐसी हालत में भी ऐसा अन्याय सहन नहीं हुआ। उन्होंने नागरिक अवज्ञा आंदोलन की रूपरेखा तैयार की और सरकार को चेतावनी दी कि यदि रोलेट एक्ट पास होता है तो सत्याग्रह व नागरिक अवज्ञा से उसका जवाब दिया जाएगा। गांधीजी ने गुजरात से इस आंदोलन की शुरुआत करने का मन बनाया और सरदार पटेल को इसका सूत्रधार नियुक्त किया।

हालाँकि सारे देश में इसकी व्यापक प्रतिक्रिया हो रही थी, फिर भी सरकार ने इसकी कोई परवाह नहीं की और रोलेट एक्ट पास कर दिया। अहमदाबाद में उग्र भीड़ ने पुलिस स्टेशन, तार घर व अन्य सरकारी भवनों में आग लगा दी और जबरदस्त प्रदर्शन करके इस काले कानून का विरोध किया।

13 अप्रैल, 1919 को अमृतसर (पंजाब) में बैसाखी वाले दिन एक आम सभा हो रही थी। जनरल डायर ने वहाँ एकत्र निहत्थे व निरीह लोगों की भीड़ पर अंधाधुंध गोलियाँ चलवाकर सरकारी आँकड़ों के हिसाब से भी 379 लोगों को मार डाला और 1,137 को घायल कर दिया।

इस नृशंस हत्याकांड और सरकारी अन्याय का जवाब गांधीजी ने डायर के विरुद्ध जाँच की माँग करके और देश भर में असहयोग आंदोलन छेड़ने का आह्वान करके दिया। कलकत्ता में हुए कांग्रेस अधिवेशन में असहयोग

आंदोलन का प्रस्ताव पारित करने के बाद पार्टी ने यह निर्णय गांधीजी पर छोड़ दिया कि आंदोलन कब और कहाँ से आरंभ किया जाए।

शुरुआत बारदोली से

वल्लभभाई पटेल गांधीजी से पूर्णतः सहमत थे कि सरकार की ऐसी हठधर्मिता का जवाब असहयोग आंदोलन से ही दिया जा सकता है। गांधीजी ने आंदोलन की शुरुआत के लिए गुजरात में बारदोली को ही चुना। इसके दो कारण थे। एक तो उनकी राय में यहाँ के निवासी शांत व दृढ़ निश्चयी थे। वे भड़काने से आवेश में आकर हिंसा पर उतारू नहीं होते, इसके साथ ही सरकारी दमन से झुकनेवाले भी न थे। दूसरा कारण था वहाँ वल्लभभाई जैसे नेता का होना, जो इस आंदोलन को सुचारु रूप से चलाते।

आंदोलन आरंभ हुआ तो देश भर से बड़े जोश के साथ लोगों ने इसमें हिस्सा लिया। देखते-ही-देखते यह बड़ी तेजी से फैला और अपने सारे हथकंडों व जोर-जबरदस्ती के बावजूद सरकार के लिए इसे दबाना असंभव हो गया।

गांधीजी का संकेत पाकर सरदार पटेल ने तो पहले ही आंदोलन आरंभ कर दिया था। उन्होंने कलकत्ता अधिवेशन से पहले ही नाडियाद में हुए सम्मेलन में असहयोग का प्रस्ताव पारित करा लिया था। सरकार की दमनकारी नीतियों के विरोध में उन्होंने अहमदाबाद में एक विशाल जुलूस निकाला और बाद में वहाँ हुई आम सभा में सरकार की जब्त की गई किताबें बेचकर कानून तोड़ा। आंदोलन के प्रचार-प्रसार के लिए वल्लभभाई ने 'सत्याग्रह' नाम से एक पत्रिका भी निकाली और इसके लिए सरकार से कोई इजाजत लेना जरूरी नहीं समझा, क्योंकि वह जानते थे कि इसकी कभी अनुमति नहीं मिलेगी।

विदेशी वस्त्रों की होली

अपने उपनिवेशों को अंग्रेजों ने अपनी मंडियाँ भी बना रखा था। गांधीजी ने आह्वान किया कि लोग विदेशी वस्त्रों की होली जलाएँ, भविष्य में विदेशी वस्त्र न पहनने का व्रत लें और स्वदेशी अपनाएँ। इससे एक तो विदेशियों को होनेवाला मोटा मुनाफा बंद होता, दूसरे स्वदेशी अपनाने से भारतीय हथकरघा उद्योग को सहायता मिलती।

2 अक्तूबर, 1921 को गांधीजी का 53वाँ जन्मदिन था। बापू तब बंबई में थे। लेकिन अहमदाबाद में लोगों ने यह दिन वल्लभभाई के नेतृत्व में एक विशाल जुलूस निकालकर मनाया। जुलूस का समापन खानपुर नदी के किनारे जाकर हुआ, जहाँ जनसभा का आयोजन किया गया था। विदेशी कपड़ों की होली भी यहीं जलाई जानी थी। लोग भारी मात्रा में अपने साथ विदेशी कपड़े लाए थे और उनको नदी किनारे बनाए गए ढेर में डालते जा रहे थे। देखते-देखते वह विशाल ढेर 16-17 फीट ऊँचा हो गया। वल्लभभाई पटेल ने इसी ढेर पर खड़े होकर जनसमुदाय को संबोधित किया और सबसे आग्रह किया कि वे विदेशी माल का बहिष्कार करें। इसके बाद उन्होंने 'गांधीजी की जय' के तुमुल घोष और अत्यंत ओजपूर्ण नारों के बीच विदेशी वस्त्रों की होली जलाई।

देश में अनेक स्थानों पर विदेशी वस्त्रों की होली जलाई गई थी। लेकिन अहमदाबाद में हुए इस दहन की एक खास बात यह हुई कि होली के बाद बची राख को यादगार के तौर पर रखने के लिए जन-समूह उमड़ पड़ा। राख की नीलामी की गई और उससे इकट्ठे किए गए 626 रुपए स्वदेशी फंड में जमा किए गए।

असहयोग आंदोलन अपने पूरे जोर पर था, तभी चौरी-चौरा की भयंकर हिंसक घटना हो गई। वहाँ हिंसा पर उतारू भीड़ ने थाने में आग लगा दी, जिसमें 21 पुलिसवाले जलकर मर गए। गांधीजी इससे बहुत खिन्न हुए और उन्होंने खेदपूर्वक आंदोलन वापस ले लिया। वह अपने आंदोलन में किसी भी तरह की हिंसा को सहन नहीं कर सकते थे। कांग्रेस के कई नेताओं ने गांधीजी के इस निर्णय की कटु आलोचना की। पंडित मोतीलाल नेहरू, लाला लाजपत राय और चित्तरंजनदास ने इसे गांधीजी की सबसे बड़ी भूल बताया। लेकिन सरदार पटेल ने उनका भरपूर समर्थन किया। आंदोलनकारियों को शांत करते हुए उन्होंने समझाया कि सच्चा सिपाही वही होता है, जो अपने सेनापति के आदेश का पालन करता है। जब सेनापति आगे बढ़ने को कहे तो अपनी जान की परवाह न करते हुए भी आगे बढ़ता है और जब वह पीछे हटने को कहे तो पीछे हटता है।

असल में सरदार स्वयं इस बात के प्रबल समर्थक थे कि हर आंदोलन पूरी तरह अहिंसक होना चाहिए। वह आंदोलन का नेतृत्व इसी शर्त पर

स्वीकार करते थे कि सरकार की तरफ से कितनी भी भड़कानेवाली काररवाई किए जाने पर भी कोई हिंसा नहीं की जाएगी, जिससे सरकारी तंत्र को पाशविक दमन करने का बहाना मिले। इसके अलावा एक और वजह यह थी कि गांधीजी के अत्यंत निकट होने के कारण वह बापू को बहुत अच्छी तरह समझते थे, इसलिए उन्होंने किसी प्रकार का असमंजस प्रकट नहीं किया।

आंदोलन स्थगित हो गया। लेकिन सार्वजनिक जीवन को अपना सबकुछ अर्पित कर चुके सरदार पटेल की गतिविधियाँ तो स्थगित नहीं हो सकती थीं। उन्होंने इस समय का सदुपयोग समाज-सेवा के कार्यों में लगाया। गुजरात विद्यापीठ के लिए धन की आवश्यकता थी। पटेल इस काम में जुट गए और उन्होंने 10 लाख रुपए की राशि उसके लिए एकत्रित कर दी। उस समय के लिहाज से यह बहुत बड़ी रकम थी।

नागपुर का झंडा आंदोलन

मई 1923 में नागपुर के जिलाधीश ने झंडा लेकर चलने पर प्रतिबंध लगा दिया। इसके जवाब में स्वराजियों के जत्थे झंडे लेकर निकलने लगे और गिरफ्तारियाँ देने लगे। जमनालाल बजाज भी एक जत्थे का नेतृत्व करते हुए गिरफ्तार कर लिये गए। वल्लभभाई को इसकी खबर मिली तो वह आंदोलन का नेतृत्व करने के लिए नागपुर गए। जिलाधीश ने आंदोलन पर भी प्रतिबंध लगा दिया; लेकिन वल्लभभाई ने इस आदेश को न मानते हुए झंडा आंदोलन जारी रखा। अंतत: जिलाधीश ने हार मान ली। उसने विवश होकर सरदार पटेल को वार्त्ता के लिए बुलाया। पटेल ने उन्हें समझाया कि इस प्रकार के प्रतिबंध का न कोई औचित्य है, न कानूनी आधार। दोनों में समझौता हो गया। सभी सत्याग्रहियों को बिना शर्त रिहा कर दिया गया और प्रतिबंध वापस ले लिया गया।

बोरसद की पुकार

गुजरात उन दिनों विशेष रूप से वल्लभभाई की कर्मभूमि थी। वह वहाँ की हर समस्या को बहुत अच्छी तरह समझते थे और उसका व्यावहारिक हल निकालना भी जानते थे। उसमें भी बोरसद तो उनका अपना क्षेत्र था ही, जिसके चप्पे-चप्पे से वह परिचित थे और जो उन पर अपना खास अधिकार

रखता था। इसलिए जब बोरसद पर संकट आया तो वहाँ के निवासियों ने अन्याय से निजात पाने के लिए वल्लभभाई से अनुरोध किया।

उन दिनों बोरसद के इलाके में चोरी-डकैती व दीगर अपराध जोरों पर थे। अंग्रेज हुकूमत ने इसका दोष पुलिस की अकर्मण्यता के बजाय वहाँ के लोगों पर मढ़ दिया। तर्क यह दिया गया कि चूँकि इलाके के लोग बेहद डरपोक और दब्बू हैं, इसलिए अपराध अधिक हो रहे हैं। लिहाजा इन अपराधों की रोकथाम के लिए जो अतिरिक्त पुलिस बल लगाना पड़ेगा, उसका खर्चा वहाँ के निवासियों को देना होगा। इसके साथ ही उन पर 2 लाख 40 हजार रुपए सालाना का अतिरिक्त कर लगा दिया गया। यह सरासर अन्याय था। लोगों ने विरोध किया, पर सरकार के कानों पर जूँ तक न रेंगी।

वल्लभभाई ने अपनी कार्यशैली के अनुरूप पहले बोरसद जाकर खुद सारे मामले की जाँच की और तथ्यों का पता लगाया। उन्हें पता चला कि इन वारदातों के पीछे खुद बोरसद के एस.पी. का हाथ है। उसने पुलिस बल को एक गुप्त सर्कुलर भेजकर चोरी-डकैती करनेवालों पर ध्यान न देने के निर्देश दिए हैं। उदाहरण के लिए, अली नाम के एक डकैत ने किसी को गिरफ्तार करवाने में एस.पी. की मदद करने का आश्वासन दिया था, जिसे गिरफ्तार करने के लिए पुलिस पर सरकारी दबाव था; लेकिन वह उनकी गिरफ्त में नहीं आ रहा था। इसके बदले में न केवल एस.पी. ने उसे 'अभयदान' दिया बल्कि हथियार तक मुहैया कराए।

सरदार पटेल ने जनता से अपील की कि वे इस अन्याय का विरोध करें और कोई कर न दें। जवाब में सरकार ने वसूली के लिए सख्ती बरतनी शुरू कर दी। इसका अनुमान इस तथ्य से लगाया जा सकता है कि 2 लाख 40 हजार के कुल टैक्स की वसूली के लिए 16 साल से ऊपर की उम्र के हर व्यक्ति पर सरकार ने 2 रुपए 7 आने का टैक्स लगाया था। पर टैक्स की वसूली के लिए किसानों के मवेशी और जमीनें तक जब्त की गईं। बहुतों पर झूठे आरोप मढ़कर उनको जेल में बंद कर दिया गया। वसूली करनेवालों को तरह-तरह के पुरस्कारों का प्रलोभन दिया गया और उनकी सहायता के लिए अतिरिक्त पुलिस बल तैनात किया गया।

वल्लभभाई की अपील

बोरसद में अकाल की मार से त्रस्त किसानों पर हो रहे इस अन्याय से सरदार का-हृदय व्यथित हो उठा। उन्होंने कहा कि पहले तो चोर-डाकू ही जनता को लूट रहे थे, अब सरकार भी लूटने लगी है। वल्लभभाई ने लोगों से धैर्य के साथ संकट का सामना करने और कर न देने के अपने निश्चय पर डटे रहने को कहा। 9 दिसंबर, 1923 को 'नवजीवन' में उन्होंने एक वक्तव्य प्रकाशित करके सारे गुजरात को ताल्लुके की समस्या से अवगत कराया और सहायता करने की अपील की—

> "बोरसद और आणंद तहसील की निर्दोष जनता पर सरकार ने 2.50 लाख रुपए का जुर्माना लगा दिया है। इसके साथ ही लगभग 500 गाँवों में पुलिस बल तैनात कर दिया गया है। इसका प्रतिरोध करते हुए जनता ने सत्याग्रह करने का निर्णय लिया है।
>
> "प्रत्येक ग्राम में बाहर से बुलाई गई पुलिस तैनात की गई है। उनमें से कुछ पुलिसवालों ने लोगों पर तरह-तरह के अत्याचार करने आरंभ कर दिए हैं। लुटेरों के आतंक से त्रस्त जनता अब पुलिस के आतंक में फँसी है।··· स्त्रियों की इज्जत पर भी हाथ डाला जा रहा है···।
>
> "पटवारियों को आदेश दिए गए हैं कि वे तुरंत जब्ती करें। जल्दी वसूली करनेवालों को पगड़ी का लालच दिया जा रहा है···।
>
> "ऐसी कष्टप्रद स्थिति में लोगों को आश्वस्त करने और उनके दु:ख में सहभागी बनने की बहुत आवश्यकता है। गुजरात के नवयुवकों के लिए जनता की सेवा करने का यह सुनहरा अवसर हाथ आया है। जो बोरसद में सेवा करने के इच्छुक हों, वे प्रांतीय समिति के मंत्री के नाम अपना आवेदन तुरंत भेजें।
>
> "इस लड़ाई में धन की जरूरत पड़ेगी। मुझे आशा है कि गुजरात स्वयं बोरसद के आंदोलन के लिए पर्याप्त धन दे सकता है। सहायता करने के इच्छुक गुजरात प्रांतीय समिति को चंदा भेज सकते हैं।"
>
> —वल्लभभाई झबेरभाई पटेल

इस अपील और बाद में सरदार के भाषणों ने जादू का-सा असर दिखाया। लोगों ने एकजुट होकर सत्याग्रह में भाग लिया। व्यापारियों ने भी

अपने कारोबार बंद करके किसानों के साथ सहानुभूति दिखाई। जब्ती से बचने के लिए किसान अपने मवेशी लेकर दूर खेतों में चले गए। औरतों ने अपने ताँबे-पीतल के बरतन छिपा लिये और वे मिट्टी के बरतनों से काम चलाने लगीं। आंदोलन में वे भी पुरुषों से पीछे न थीं।

नाटकीय मोड़

तभी घटनाक्रम ने एक नाटकीय मोड़ लिया। सत्याग्रह को लगभग पाँच सप्ताह हो चुके थे। तभी सर लेजली विल्सन बंबई के नए गवर्नर बनकर आए। उन्होंने समाचार-पत्रों में वल्लभभाई का वह भाषण पढ़ा, जिसमें उन्होंने अपराधों में पुलिस की मिलीभगत का भंडाफोड़ करते हुए गुप्त सर्कुलर का राज खोला था। वास्तविकता जानने के लिए सर लेजली ने होम मेंबर सर मौरिस हेवर्ड को बोरसद भेजा। सर हेवर्ड ने इलाके का दौरा किया और जगह-जगह प्रमुख लोगों से बातचीत करके तथ्यों का पता लगाया।

बंबई लौटकर होम मेंबर ने गवर्नर को अपनी रिपोर्ट दी, जिसके अनुसार सरदार पटेल के लगाए सब आरोप सही थे। उन्होंने तुरंत काररवाई करते हुए 8 जनवरी, 1924 को अनुचित कर वापस ले लिया। सरदार पटेल ने इस न्यायसंगत काररवाई के लिए गवर्नर को धन्यवाद दिया और इस प्रकार बोरसद सत्याग्रह का समापन हुआ।

गांधीजी सरदार पटेल की इस शानदार सफलता से बहुत प्रसन्न हुए। उन्होंने 'बोरसद के राजा' की उपाधि देकर वल्लभभाई का सम्मान किया।

जिस दृढ़ता, संयम और शांति के साथ बोरसद की जनता ने सरकारी अत्याचार सहे और दुःख झेले थे, उसके लिए सरदार पटेल उन्हें धन्यवाद देना नहीं भूले।

बाढ़ की विभीषिका

गुजरात के अनेक नगरों में जुलाई 1927 में भयंकर बाढ़ आई। महीने का अंत आते-आते स्थिति बहुत विकट हो गई। अहमदाबाद में 23 जुलाई से 28 जुलाई तक लगातार पानी बरसने से हालात काबू से बाहर हो गए। उन दिनों वहाँ वर्षा का औसत 30 इंच होता था, जबकि इस मौसम में 68 इंच रिकॉर्ड-तोड़ बारिश हुई। बाढ़ के इस प्रकोप का अंदाजा इस बात से लगाया

जा सकता है कि अकेले अहमदाबाद में इससे 5,093 मकान ढहे

सरदार पटेल तब नगरपालिका अध्यक्ष थे। वह सारे शहर का भ्रमण करके स्थिति का जायजा लेते और जहाँ जो भी काररवाई संभव होती, करवाते। उनके साथ पुलिस व प्रशासन के कुछ अधिकारी और कर्मचारी सदा रहते थे। वे भी हर संभव सहायता देने को तत्पर रहते थे। सभी मिलकर जहाँ तक हो सके, इस भयंकर त्रासदी में लोगों को सहायता पहुँचाने का प्रयास कर रहे थे।

एक बड़ी समस्या नगर में पानी के जमा होने की थी। नगर से बाहर पानी की निकासीवाले सभी नाले उफन आए थे और अब उनमें से होकर और पानी नहीं निकल रहा था। वल्लभभाई ने कई नाले तुड़वा दिए, ताकि कुछ और पानी निकल सके। 2 अगस्त, 1927 को सरदार पटेल की अध्यक्षता में नगर में एक जनसभा का आयोजन किया गया, जिसमें उन्होंने उपस्थित गण्यमान्य जनों से ऐसे संकट की घड़ी में खुले दिल से बाढ़ सहायता कोष में दान देने की अपील की। उनके प्रयास से लगभग 1.50 लाख रुपए की धनराशि एकत्रित हो गई।

वल्लभभाई ने बंबई में रह रहे अपने अग्रज विट्ठलभाई पटेल को भी सारी स्थिति की जानकारी दी। बारिश थम गई थी, बाढ़ का प्रकोप शांत था; लेकिन उसकी विनाश-लीला का प्रभाव व्यापक रूप से लगभग सारे गुजरात पर पड़ा था। विट्ठलभाई दादूभाई एवं इमाम साहब के साथ आए और उन्होंने गुजरात का दौरा करके सारी स्थिति का जायजा लिया।

विट्ठलभाई गुजरात की जनता की दुर्दशा देखकर अत्यंत व्यथित हुए। उन्होंने वायसराय लॉर्ड इर्विन से अनुरोध किया कि वह स्वयं गुजरात आकर देखें कि कैसे भयानक विनाश हुआ है।

9 दिसंबर, 1927 को वायसराय लॉर्ड इर्विन अहमदाबाद आए। उन्होंने आते ही वल्लभभाई और विट्ठलभाई के साथ नगर के बाढ़ग्रस्त इलाकों का दौरा किया। वल्लभभाई वायसराय के साथ रहकर उन्हें साथ-साथ स्थानीय लोगों की विपदा व समस्याओं के बारे में बताते रहे। वायसराय उनसे सहमत हुए और गुजरात की विपत्ति के लिए पर्याप्त सहायता का वचन देकर रात को नाडियाद रवाना हुए।

यह वल्लभभाई के प्रभाव व प्रयत्नों का ही नतीजा था कि लॉर्ड इर्विन ने 1 करोड़ रुपए की बड़ी रकम गुजरात में बाढ़ से ध्वस्त मकानों के पुनर्निर्माण

और बाढ़-पीड़ितों के पुनर्वास के लिए देनी मंजूर की। सरदार ने संकट काल में इतनी बड़ी सहायता करने के लिए सरकार का धन्यवाद किया। सरकार की तरफ से भी वल्लभभाई के बाढ़ के दौरान किए गए राहत के प्रयत्नों की बहुत प्रशंसा की गई और उन्हें मानवता का सच्चा सेवक बताकर उनका सम्मान किया गया।

सारे गुजरात की जनता ने वल्लभभाई को मसीहा और गरीब नवाज कहकर उनके प्रति कृतज्ञता प्रकट की। जवाब में सरदार पटेल ने कहा कि मैं इतना भी बेवकूफ नहीं, जो यह भी न समझूँ कि इतना बड़ा काम करना मेरे अकेले के बस की बात न थी।

□

10

बारदोली के सरदार

केवल बुद्धि का विकास निरर्थक है। इससे संसार को कोई लाभ नहीं होता। बुद्धि के साथ-साथ शारीरिक परिश्रम के प्रति प्रेम होना चाहिए। परिश्रम और ज्ञान का मिलाप होने पर अद्‌भुत शक्ति पैदा होती है।

—सरदार पटेल

काठियावाड़ (गुजरात) का बारदोली ताल्लुका अपनी उपजाऊ भूमि और कुनबी किसानों के परिश्रम से लहलहानेवाली फसलों के चलते अपनी खुशहाली के लिए प्रसिद्ध रहा है। गोरी सरकार की लालची नजरें

बारदोली ताल्लुका के किसानों के साथ बापूजी और सरदार पटेल।

बहुत दिनों से इस पर थीं। वे चाहते थे कि इस इलाके का कुछ और रस निचोड़ा जाए। अपनी इस योजना पर अमल करते हुए अधिकारियों ने सन् 1927 में बारदोली के किसानों पर 30 प्रतिशत तक लगान बढ़ा दिया। यह सरासर अन्याय था। किसान इस अतिरिक्त लगान का बोझ उठाने में असमर्थ थे। वह अपनी व्यथा बयान करने के लिए वल्लभभाई के पास गए।

उनकी सारी बात सुनने के बाद सरदार ने उन्हें बताया कि पहले वे सारे तथ्यों का पता लगाने के लिए बारदोली कांग्रेस को आदेश देंगे, उसके बाद ही कोई उपयुक्त निर्णय लिया जा सकेगा। यह सरदार का काम करने का अपना तरीका था। वह किसी भी तरह का संघर्ष आरंभ करने से पहले सारे तथ्य एकत्रित करते थे, ताकि उसके औचित्य के प्रति पूरी तरह संतुष्ट हो जाएँ और सरकार तथा अन्य सभी संबंधित लोगों के सामने भी वे तथ्य रखे जा सकें। रिपोर्ट आने पर वह आश्वस्त हो गए कि वाकई किसानों पर इस तरह अतिरिक्त लगान नहीं थोपा जा सकता। फिर भी सारी स्थिति का जायजा लेने और एक बार फिर तथ्यों की पुष्टि करने के लिए वे स्वयं बारदोली के दौरे पर गए।

इस बीच ये किसान गांधीजी के पास भी गए। उन्होंने किसानों का हौसला बढ़ाते हुए कहा, ''जो किसान धरती की सेवा करता है, वही तो उसका असली मालिक है। उसे किसी जमींदार या सरकार से डरने की क्या जरूरत है।''

सरदार पटेल ने भी किसानों को निर्भय रहने को प्रेरित करते हुए कहा, ''कीचड़-गारे में मेहनत करके और सर्दी-गरमी की परवाह न करके खेती करने वाले मेहनती किसान को किसका डर? जिस ईश्वर ने किसान बनाया है, राजा भी उसी ने बनाया है, फिर किससे डरना।!''

चेतावनी

आंदोलन आरंभ करने से पहले सरदार ने किसानों का मनोबल टटोलने की गरज से उनको चेताया, ''आप लोग सोच लें, आपको बहुत कष्ट सहने पड़ेंगे। आपकी जमीनें छिन जाएँगी, मवेशी छीन लिये जाएँगे, घर-बार लुट जाएगा। आपके बच्चे दाने-दाने के मोहताज हो जाएँगे। अगर यह सब सहने को तैयार हो तो बोलो। अगर बीच में डोल गए तो लड़ाई हार जाओगे।''

"हम सब आपके साथ हैं। आपके हर आदेश का पालन करेंगे और हर सरकारी अत्याचार खुशी-खुशी झेलेंगे।" किसानों ने एक स्वर में कहा।

"यह लड़ाई लंबी चलेगी और इसमें जान का जोखिम भी हो सकता है।" सरदार ने फिर चेताया।

"हम अपनी जान पर खेल जाएँगे, पर पीछे नहीं हटेंगे।" सबने समवेत स्वर में उत्तर दिया।

इसके बाद सरदार पटेल आंदोलन की तैयारियों में जुट गए।

8 फरवरी, 1928 को बारदोली तहसील परिषद् की बैठक सरदार पटेल की अध्यक्षता में हुई। इसमें बारदोली तहसील के सभी ग्रामों के प्रतिनिधियों के अतिरिक्त आंदोलन से संबंधित अन्य सभी गण्यमान्य लोग उपस्थित थे। वल्लभभाई का साथ देने के लिए महादेव देसाई, इमाम साहब और आनंद स्वामी अहमदाबाद से आए थे। इसके अलावा बारदोली तहसील के पार्टी के सभी प्रमुख कार्यकर्ता इसमें सम्मिलित हुए।

कानूनी पहलू

पटेल चूँकि वकील थे, इसलिए वह किसी भी मामले में कानूनी पहलू पर भी अच्छी तरह विचार करते थे। हालाँकि किसानों पर हो रहे अन्याय के बारे में कोई संदेह की गुंजाइश न थी, लेकिन इन्होंने इस पहलू पर गौर करते हुए भूमि कर कानून का भी अध्ययन किया, जिसके आधार पर यह अनुचित निर्णय लिया गया था। उन्होंने देखा कि यह कानून ऐसा पेचीदा बनाया गया है कि स्वयं सरकार के कई उच्च अधिकारियों में भी प्रायः उसकी व्याख्या को लेकर मतभेद हो जाता है। फिर सामान्य जन के लिए उसे समझना तो लगभग असंभव ही है। इसके पीछे अंग्रेज शासकों की चाल यह थी कि वे इस कानून की जिस मनमाने ढंग से चाहें, व्याख्या करके अपना स्वार्थ सिद्ध करनेवाला निर्णय ले सकते थे। भूमि कर कानून की धारा 107 के अंतर्गत तय किया जाता था। इस धारा में किसानों की उपज और उससे होनेवाले लाभ के आधार पर लगान तय किया जाता था। कितना लगान लिया जाए, इसका फैसला तो सरकार करती ही थी, कितनी उपज हुई या किसानों को कितना लाभ हो रहा है, इसका फैसला भी वही करती थी। इस निर्णय में कोई और मध्यस्थ तो था नहीं फिर ऐसे फैसलों का एकतरफा, निरंकुश या अनुचित होना स्वाभाविक ही था, जब तक कि

निर्णायक पूर्णत: न्यायप्रिय न हो।

इससे कोई सप्ताह भर पहले हुई बैठक में यह फैसला किया गया था कि आंदोलन की तरफ बढ़ने से पहले सरकार को आखिरी बार एक और पत्र लिखा जाना चाहिए। इस निर्णय के मद्देनजर वल्लभभाई ने 6 फरवरी को एक पत्र बंबई के गवर्नर को लिख दिया था। उसमें उन्होंने गवर्नर से अनुरोध किया था कि लगान में बढ़ोतरी अनुचित है और उन्हें इस मामले की नए सिरे से जाँच करानी चाहिए। पत्र में यह भी कहा गया था कि इस दौरान किसानों से बढ़ाए गए लगान की वसूली भी रोक दी जाए। इसका रूखा और दस्तूरी जवाब आया कि आपका पत्र आवश्यक काररवाई के लिए भूमि कर विभाग को भेज दिया गया है।

यह जले पर नमक छिड़कनेवाली बात थी। अब संघर्ष का बिगुल बजाने के सिवा कोई और रास्ता बचा ही कहाँ था। 12 फरवरी, 1928 को किसानों की एक विशाल सभा में वंदे मातरम् और 'महात्मा गांधी की जय' के नारों के साथ आंदोलन आरंभ करने का प्रस्ताव स्वीकार किया गया।

सरदार पटेल का काम करने का अपना अनोखा तरीका था। आंदोलन के लिए प्रस्ताव न तो उन्होंने पेश किया, न अपने किसी साथी या कार्यकर्ता को पेश करने को कहा। सभा में आए किसानों को संबोधित करते हुए उन्होंने कहा कि यह आपका संघर्ष है, इसलिए आंदोलन का प्रस्ताव भी आप में से ही कोई रखेगा। हम लोग तो आपकी सहायता करने के लिए आए हैं, हर संभव सहायता करेंगे।

वल्लभभाई पटेल के किसी आंदोलन का नेतृत्व करने का अर्थ क्या होता है, इसे अंग्रेज अच्छी तरह समझते थे। लिहाजा उन्होंने फूट डालने की गरज से यह कहना शुरू किया कि पटेल बाहर के आदमी हैं। इसका करारा जवाब देते हुए पटेल ने कहा कि मैं नहीं, बाहर के आदमी आप सब हैं— अंग्रेज, जो यहाँ आकर हर तरह का जोर-जुल्म कर रहे हैं। मैं तो इस देश का हूँ। मैं देश के किसी भी कोने में जाऊँ, वहाँ का ही माना जाऊँगा।

रणनीति

वल्लभभाई ने योजना बनाकर आंदोलन की शुरुआत की। पूरे क्षेत्र को उन्होंने पाँच लोगों में विभाजित किया। कार्यकर्ताओं की सुविधा के लिए

हर भाग में छावनियाँ बनाई गईं, जहाँ उन्हें बुनियादी सुविधाएँ उपलब्ध हो सकें। प्रत्येक गाँव तक सत्याग्रह का संदेश पहुँचाने और पूरे क्षेत्र में होनेवाली घटनाओं के समाचार केंद्रीय कार्यालय तक पहुँचाने के लिए व्यापक प्रबंध किए गए। आंदोलन से संबंधित संदेश व समाचार जन-साधारण और संघर्षरत किसानों तक पहुँच सकें, उसके लिए दैनिक समाचार-पत्र 'सत्याग्रह खबर' का प्रकाशन किया गया। इतना बड़ा आंदोलन चलाने के लिए धन की आवश्यकता थी। सरदार के आह्वान पर पूरे गुजरात से लोगों ने मुक्त-हस्त से चंदा दिया तथा भविष्य में और आवश्यकता पड़ने पर भी सहयोग देने का आश्वासन दिया।

अथक परिश्रमी वल्लभभाई ने संघर्ष का बीड़ा उठाया तो दिन-रात एक कर दिया। वह गाँव-गाँव जाते, किसानों का उत्साह बढ़ाते, उनके साथ ही उठते-बैठते, खाते-पीते; उन्हीं की भाषा में उन्हें संबोधित करते, वैसे ही उदाहरण देते, जो सबकी समझ में आएँ। उन्होंने सबको भरोसा दिलाया कि किसानों से उनके पुरखों की जमीन कोई नहीं छीन सकता। अगर सरकार जोर-जबरदस्ती से उनकी जमीन छीनती है तो निश्चित हो जाएगा कि इस देश में शासन नाम की कोई चीज नहीं है। फिर लुटेरों से तो हम लोग निबट ही लेंगे।

एक अन्य जगह भाषण देते हुए उन्होंने दूध और पानी का उदाहरण दिया। उन्होंने कहा कि दूध में मिलने के बाद पानी और दूध एकरस हो जाते हैं। उन्हें कोई अलग नहीं कर सकता। दूध तब तक उबलकर गिर नहीं सकता, जब तक उसमें समाया पानी जल न जाए। वह पहले आँच को खुद झेलता है, फिर दूध पर आँच आने देता है। इधर दूध कोशिश करता है कि उफनकर अँगीठी में गिरे और इस तरह आग को बुझाकर पानी को जलने से बचाए। वल्लभभाई ने कहा कि हमारे किसानों; साहूकारों को भी इसी तरह की एकता बनाए रखनी है और एक-दूसरे की सहायता करनी है।

आंदोलन के विरुद्ध सरकार के दमन-चक्र की चर्चा करते हुए पटेल ने कहा कि गोरी सरकार की हालत पागल हाथी के समान हो रही है, जो अपने सामने पड़ने वाली हर चीज को कुचल डालता है। लेकिन उस हाथी को यह पता नहीं कि अगर एक छोटा मच्छर भी उसके कान में घुस जाए तो इतना विशाल हाथी तड़पकर जमीन पर गिर पड़ेगा।

अपने नेता का उदाहरण देखकर आंदोलन में सहायता करने आए कार्यकर्ता भी दोगुने उत्साह से अपने प्रयास में जुट गए थे। इस सत्याग्रह में महिला कार्यकर्ताओं की टीम ने भी बड़ी महत्त्वपूर्ण भूमिका निभाई। उन्होंने गाँव-गाँव घूमकर महिलाओं से संपर्क किया और हर जोर-जुल्म के खिलाफ हौसला बनाए रखने की प्रेरणा दी।

सरकारी चाल

15 फरवरी को अंग्रेजी हुकूमत ने अपनी सोची-समझी चाल के मुताबिक 60 बनियों को दस दिन के अंदर लगान भरने का नोटिस जारी किया। बनिए जन्मजात विनम्र और भीरु समझे जाते हैं। सरकार को पूरा विश्वास था कि थोड़ा दबाव डालने पर ही सबके सब लगान जमा करा देंगे और यह एक अच्छी शुरुआत होगी। लेकिन उस समय उसके आश्चर्य का ठिकाना न रहा जब धमकाने व फुसलाने के बावजूद 50 में से केवल 2 ने ही लगान भरा। इसकी खबर मिलते ही आंदोलनकारी किसान भड़क उठे। उन्होंने उन दोनों 'गद्दारों' का बहिष्कार करने का मन बना लिया। लेकिन पटेल ने किसी तरह से समझा-बुझाकर सबको शांत किया। उनका विचार था कि भले ही किसी से भूल हुई हो, आपस में विवाद या कटुता नहीं आनी चाहिए।

संघर्षरत किसानों पर थोपे गए जुर्माने का कोई असर होता न देख सरकार ने लगान-वसूली के लिए उनके मवेशी या जमीनें कुर्क करने का तरीका अपनाया। इसमें भी कितना अनाचार बरता गया, उसके लिए कुछ उदाहरण पर्याप्त होंगे। एक किसान पर 700 रुपए का भूमि कर लगाया गया था। उसकी वसूली के लिए उसकी 40 हजार रुपए की जमीन जब्त कर ली गई। एक और किसान के पास 33 एकड़ उपजाऊ भूमि थी, जिसकी उस समय में कीमत 15 हजार रुपए थी। उस उर्वर भूमि को उससे छीनकर लगान वसूली के लिए सरकार ने एक अन्य व्यक्ति को मात्र 161 रुपए में बेच दिया। 30 हजार रुपए की एक अन्य कृषि भूमि को 151 रुपए में बेचा गया। जब जमीनों का यह हाल था तो फिर मवेशियों का क्या हुआ होगा, इसका सहज ही अनुमान लगाया जा सकता है।

किसी किसान के जीवनयापन के यही साधन होते हैं—खेती की जमीन, हल-बैल और दुधारू पशु। गोरी सरकार ने उन्हें भूखों मारने के लिए

इन्हीं को छीनने की योजना बनाई थी। बारदोली सत्याग्रह सरकार के लिए प्रतिष्ठा का प्रश्न बन गया था। झुकने पर उसकी बहुत हेठी होती। इसलिए गवर्नर ने ऐलान किया कि कानून का पालन करवाने के लिए हर संभव तरीका इस्तेमाल किया जाएगा। संभव तरीके से उनका अभिप्राय था हर तरह का जोर-जुल्म, हथकंडा।

किसानों को अपने पशुधन को कुर्की से बचाने के लिए घरों में बंद करके रखना पड़ा। जब कुर्की वाले आते, पहरे पर तैनात स्वयंसेवक ढोल, नगाड़े, शंख बजाकर सबको सावधान कर देते। इस पर किसान या तो अपने जानवरों को अपने घरों में छिपाते या उन्हें लेकर कहीं दूर भाग निकलते। इससे खिसियाकर सरकार ने ढोल, नगाड़े, शंख बजाने पर प्रतिबंध लगा दिया। सरदार पटेल तक जब यह खबर पहुँची तो वह बोले, "गोले-गोलियों वाली फिरंगी सरकार ढोल-नगाड़ों की आवाज से डर गई है। बहरहाल उन्हें ढोल-नगाड़ों से क्या वास्ता। हमें तो बस जागते रहना है और लगान न देने के अपने निश्चय को याद रखना है।"

बहिष्कार की परिभाषा

गुजरात ही नहीं, सारे देश की नजर बारदोली पर थी। सरदार पटेल ने सरकारी अन्याय की ऐसी पोल खोली थी कि सभी प्रमुख समाचार-पत्र किसानों के पक्ष में थे। देश भर में बारदोली के किसानों के लिए सहानुभूति की लहर दौड़ रही थी। गुजरात तो तन-मन-धन से बारदोली के साथ था ही।

लेकिन जैसा कि हर समाज में होता है, कुछ ऐसे लोग भी थे जो सत्ता का साथ देने का लोभ नहीं छोड़ सकते थे या उससे भयभीत होकर उसका साथ दे रहे थे। जैसाकि स्वाभाविक ही था, आंदोलनकारियों ने उनका बहिष्कार किया। सरदार इस प्रकार के बहिष्कार के विरोधी न थे, पर इसके साथ ही वह चाहते थे कि बहिष्कृत व्यक्ति के साथ भी हर तरह की मानवीयता व सहानुभूति बरती जाए। इसलिए उन्होंने आंदोलनरत किसानों से आग्रह किया कि वे अहिंसक बहिष्कार करें, हिंसक नहीं। अपनी बात स्पष्ट करते हुए उन्होंने समझाया कि किसी अवांछित व्यक्ति से सहायता न लेना अहिंसक बहिष्कार है, लेकिन उसकी सेवा न करना हिंसक बहिष्कार है। किसी बहिष्कृत के यहाँ भोजन के लिए न जाना अहिंसक बहिष्कार है, लेकिन अगर वह

बीमार पड़ जाए तो उसकी सेवा न करना या अगर दुर्भाग्य से उसके परिवार में किसी की मृत्यु हो जाए तो संवेदना प्रकट न करना या अंतिम क्रिया में सहायता न करना हिंसक बहिष्कार माना जाएगा। उनके कहने का आशय यही था कि बहिष्कार करो, पर किसी के प्रति निष्ठुर मत बनो।

आंदोलन जोर पकड़ रहा था। अंग्रेज हुकूमत ने बौखलाकर पुलिस बल के साथ-साथ गुंडों के एक बल का भी गठन किया। वे गुंडे लोगों के साथ मारपीट और हर तरह का दुर्व्यवहार करते थे। उन्होंने गाँव की स्त्रियों को भी नहीं बख्शा। लेकिन किसान टस-से-मस नहीं हुए। सरकार के निर्मम अत्याचार का एक उदाहरण यह भी है कि किसानों को सताने से पेट नहीं भरा तो उन्होंने जब्त किए पशुओं को भी सताना शुरू कर दिया। वे उन पशुओं को बाड़ों में बंद करके या खूँटों से बाँधकर भूखे-प्यासे रखते थे। वे जानते थे कि किसानों को अपने पशुओं से कितना प्यार है। जब उन्हें कष्ट देंगे तो इनको भी कष्ट होगा।

सरदार का जवाब

सरदार पटेल के पास भी सरकारी दमन-चक्र का जवाब देने के अपने तरीके थे। उन्होंने लगान वसूल करनेवाले पटेलों और तलातियों से अपील की कि वे अपने भाइयों पर हो रहे अत्याचार का हिस्सा न बनें और अपने पदों से त्यागपत्र दे दें। उनकी अपील के जवाब में 90 में से 69 पटेलों और 35 तलातियों ने इस्तीफा दे दिया। यह सरकार के लिए नितांत अप्रत्याशित था।

इसके अलावा असहयोग का आलम यह था कि कुर्की करनेवालों को एक स्थान से दूसरे स्थान तक जाने के लिए कोई सवारी नहीं मिलती थी। यहाँ तक कि उनकी हजामत बनाने के लिए कोई नाई तैयार नहीं होता था। किसानों की हजारों की जमीन कुछ सौ रुपयों में खरीदनेवाले के घर पर सफाई करने का काम करने को भी कोई तैयार न था, भले ही वह कितने पैसे देने का लालच दे।

मुंशी का साहसपूर्ण कदम

बंबई धारा सभा के सदस्य कन्हैयालाल माणिकलाल मुंशी ने गवर्नर को पत्र लिखकर बारदोली की किसान समस्या को सुलझाने का आग्रह किया,

पर उसका कोई प्रभाव नहीं हुआ। इस पर वह स्वयं स्थिति का जायजा लेने के लिए बारदोली के दौरे पर आए और सरदार पटेल का नेतृत्व देख आश्चर्यचकित रह गए। सरकारी अत्याचारों का आँखों देखा हाल जानकर मुंशी का हृदय व्यथा से भर गया। उन्होंने एक अत्यंत स्पष्ट व तीखी भाषा में गवर्नर को पत्र लिखा—

"आपको भले ही यह रिपोर्ट मिली हो कि किसान आंदोलन बाहर से थोपा गया है, लेकिन वास्तविकता यह है कि आंदोलन वास्तविक है, रिपोर्ट झूठी। अपने दुधारू पशुओं को बचाने के लिए पिछले तीन महीनों से यहाँ स्त्री-पुरुष-बच्चे उनके साथ अँधेरे, गोबर, बदबू से भरी कोठरियों में बंद पड़े हैं। इस तरह की स्थिति का उदाहरण तो मध्यकाल के इतिहास में भी नहीं मिल सकता है। लेकिन सारे जोर-जुल्म सहकर भी किसान सरकारी दमन का मजाक ही उड़ा रहे हैं। सरदार पटेल उनके एकच्छत्र नेता हैं। वे जहाँ भी जाते हैं, लोग उनके स्वागत को उमड़ पड़ते हैं।" उन्होंने आगे लिखा कि पटेल जहाँ भी जाते हैं, फटे-चीथड़ों में लिपटी गाँव की बेहाल स्त्रियाँ उनके माथे पर तिलक लगाकर उनका अभिनंदन करती हैं। वल्लभभाई के आदेश के बिना बारदोली में कोई काम नहीं होता। मैं यह सब आपकी जानकारी के लिए इसलिए लिख रहा हूँ कि आपको वास्तविकता का पता चले और आप सारी स्थिति की जाँच करने को प्रेरित हों।

इस पत्र ने गवर्नर की मुँदी आँखें खोल दीं। उसकी समझ में आ गया कि आंदोलन को विफल करने के सारे सरकारी हथकंडे व्यर्थ क्यों साबित हो रहे हैं। बारदोली सत्याग्रह जिस तरह का उग्र रूप धारण कर रहा था, वह ब्रिटिश हुकूमत के लिए कोई शुभ लक्षण न था। अगर वह व्यापक रूप लेकर देशभर में फैल जाता तो सरकार के लिए सँभलना असंभव हो जाता। उसने समय रहते चेतने और समझौते का मार्ग अपनाने में ही अपनी भलाई समझी।

समझौता

गवर्नर ने सरदार पटेल को समझौता वार्त्ता के लिए आमंत्रित किया। उनके सामने प्रस्ताव रखा गया कि सरकार लगान वृद्धि के मामले की जाँच करके उचित लगान तय करने के लिए तैयार है। जिन मामलों में लगान माफ करना न्यायसंगत होगा, उनमें लगान माफी भी की जाएगी। लेकिन शर्त यह है

कि आंदोलन वापस ले लिया जाए और किसान पहले की तरह लगान देना शुरू कर दें। पटेल ने कहा कि उन्हें यह स्वीकार्य होगा, लेकिन शर्त यह है कि आंदोलन के दौरान कैद किए गए सभी लोगों को रिहा कर दिया जाए। जिन सरकारी कर्मचारियों ने आंदोलन के चलते अपनी नौकरियों से इस्तीफा दिया है, उन्हें बहाल किया जाए और जिन किसानों की जमीनें या पशुधन जब्त किए गए हैं, उन्हें लौटाए जाएँ। सरकार ने उनकी सभी माँगें मंजूर कर लीं और किसानों के संघर्ष की शानदार जीत के साथ बारदोली आंदोलन का पटाक्षेप हुआ।

बारदोली के निहितार्थ

बारदोली आंदोलन कई दृष्टियों से ऐतिहासिक महत्त्व रखता था। यह वह रणक्षेत्र था, जिसमें सरकारी जोर-जुल्म के उत्तर में सत्याग्रह के अस्त्र का प्रभावी परीक्षण हुआ और सारे संसार ने देखा कि सत्य व अहिंसा के मार्ग पर चलनेवाले निहत्थे आंदोलनकारियों को शासकीय बर्बरता से कुचला नहीं जा सकता। केवल दो सप्ताह के भीतर ही जिस तरह आंदोलन को विफल बनाने पर कमर कस चुकी सरकार को घुटने टेकने पड़े, वह संगठित अहिंसक जन-संघर्ष की शक्ति का प्रत्यक्ष प्रमाण था।

भारतीय स्वाधीनता संग्राम के इतिहास में बारदोली सत्याग्रह की भूमिका बहुत महत्त्वपूर्ण है; क्योंकि सारे देश ने इस सत्याग्रह के तौर-तरीके और इसके परिणाम को बड़ी दिलचस्पी से देखा। बारदोली ने देशभर में स्वाधीनता के लिए आंदोलन करने को आतुर जन-मानस में आशा व विश्वास का संचार किया और भविष्य में होनेवाले देश-व्यापी स्वाधीनता आंदोलन का मार्ग प्रशस्त किया।

बारदोली आंदोलन का एक और बड़ा लाभ यह हुआ कि सरदार पटेल इसमें से न केवल विजेता बनकर उभरे बल्कि वे एक राष्ट्रीय स्तर के जननायक भी बने। उनकी एक जन-सभा में किसी ने उच्च स्वर में कह दिया था कि वल्लभभाई हमारे सरदार हैं। इसके साथ ही 'सरदार पटेल की जय' के गगनभेदी नारों से उपस्थित विशाल जन-समूह ने उस उक्ति का अनुमोदन किया। तब से 'सरदार' की सम्मानित उपाधि वल्लभभाई के नाम के साथ सदा के लिए जुड़ गई।

गांधीजी ने बारदोली आंदोलन की सफलता का सारा श्रेय, जैसा कि स्वाभाविक और उचित भी था, सरदार पटेल को देते हुए उनके नेतृत्त्व की मुक्त कंठ से प्रशंसा की। आंदोलन के बाद हुई एक जनसभा में गांधीजी भी उपस्थित थे। जनता ने जब उनसे भाषण देने का अनुरोध किया तो बापू ने यह कहकर मना कर दिया कि बारदोली के सरदार वल्लभभाई पटेल हैं और इस सभा को संबोधित करने का अधिकार केवल उनको ही है।

□

11

राष्ट्र-जागरण

हमारी हजारों की दौलत छीन ली जाए, हमें जान की भी कुर्बानी देनी पड़े, इसके बावजूद हम मुसकराते रहें। ईश्वर और सत्य पर विश्वास रखकर हम सदा प्रसन्न रहें।

—सरदार पटेल

अब तक के संघर्षों में बारदोली का संघर्ष सबसे कठिन था, इसलिए उसकी सफलता भी सबसे अधिक महत्त्वपूर्ण थी। बारदोली सत्याग्रह की एक और खास बात यह थी कि इसके नेतृत्व का सारा श्रेय अकेले सरदार पटेल को था। चूँकि सत्याग्रह के दौरान सारे देश की नजरें बारदोली पर थीं, इसलिए उस अग्निपरीक्षा से तपकर निकले वल्लभभाई पटेल को भी सारे देश ने पहचाना और सम्मान दिया, जिसके कि वह पूरे हकदार थे। सरदार जहाँ जाते, अपार जन-समूह उनका स्वागत करने को उमड़ पड़ता।

यदि कोई और होता तो इस लोकप्रियता को शायद किसी दूसरी तरह से भुनाता, लेकिन वल्लभभाई ने इसका उपयोग सारे देश में स्वाधीनता की अलख जगाने के लिए किया। जैसा कि स्वाभाविक ही था, देश भर से उन्हें विभिन्न सम्मेलनों में भाग लेने के लिए आमंत्रित किया जा रहा था। वह अब गुजरात के नायक नहीं, राष्ट्र नायक थे।

मार्च 1929 में सरदार पटेल को पाँचवें काठियावाड़ राजनीतिक सम्मेलन की अध्यक्षता करने के लिए आमंत्रित किया गया। अपने समापन भाषण में वल्लभभाई ने कहा कि सम्मेलन में जो कुछ चर्चा हुई है वह व्यर्थ ही सिद्ध होगी, यदि उस पर कार्यान्वयन नहीं हुआ। उन्होंने कहा कि काठियावाड़ में

संगठन मजबूत नहीं है और जो कुछ होता है कि उसे कारगर होना चाहिए। नेता तो बहुत हैं, पर काम करने वाले संगठित व कर्मठ कार्यकर्ता कम दिखाई देते हैं। उन्होंने कहा कि किसान का बेटा होने के कारण मैं बहुत मिष्टभाषी नहीं। आपकी जो भी कमियाँ हैं, उन्हें स्पष्ट भाषा में गिनाना चाहता हूँ। अगर मैं अपनी वाणी और प्रयत्नों से आपकी थोड़ी भी क्षमता बढ़ा पाया तो अपना प्रयास सार्थक समझूँगा।

दरअसल गांधीजी के कांग्रेस में आने से पहले सत्याग्रह और आंदोलन की ठोस कार्रवाइयों का कोई सिलसिला था नहीं। राजनीतिक गतिविधियाँ अधिकांशत: बयान देने, भाषण देने या प्रस्ताव पास करने तक सीमित थीं। इस तरह की परंपरा पार्टी में अभी भी कमोबेश जारी थी। गांधीजी के आविष्कार सत्याग्रह के अस्त्र का प्रयोग करने सिद्धहस्त वल्लभभाई ऐसी थोथी गतिविधियों को पसंद नहीं करते थे। इसलिए काठियावाड़ सम्मेलन की अध्यक्षता के लिए आमंत्रित किया गया तो उन्होंने उसे टालने की कोशिश की। लेकिन बाद में गांधीजी के कहने पर उन्होंने वह प्रस्ताव स्वीकार कर लिया।

बात यह थी कि महाराष्ट्र के कई ताल्लुकों में लगान में अनुचित वृद्धि की गई थी और सम्मेलन में यही मुख्य मुद्दा था। महाराष्ट्र के नेताओं का ही नहीं, जन-साधारण का भी विशेष आग्रह था कि बारदोली रणक्षेत्र के विजयी सेनापति पटेल इसकी अध्यक्षता करें। सरदार ने महाराष्ट्र के नेताओं को स्पष्ट शब्दों में समझाया कि उनकी संघर्ष की योजना नितांत अव्यावहारिक है और इससे वांछित परिणाम की आशा रखना व्यर्थ है। उन्होंने कहा कि हर तरह का कष्ट उठाने और बलिदान के लिए तत्पर हुए बिना संघर्ष सफल नहीं होगा। इसलिए किसानों में यह भावना भरना आवश्यक है। जब उनमें ऐसा साहस भर जाएगा, तभी संघर्ष आरंभ करना चाहिए।

विनोदप्रियता

खरी-खरी दो टूक बात करने के अलावा वल्लभभाई चुटकी लेने और हास्य-व्यंग्य का प्रयोग करने से भी चूकते न थे। सम्मेलन में ऐसे कई प्रसंग आए जब उन्होंने अपनी वक्रोक्तियों से विवाद करनेवालों की बोलती बंद कर दी। एक सदस्य ने जब वल्लभभाई से पूछा कि अगर कुरता खादी का हो, लेकिन धोती खादी की न हो तो क्या चलेगा। सरदार बोले, आधी

खादी पहनोगे तो वोट भी आधा ही माना जाएगा। इसी तरह सम्मेलन में जब छुआछूत पर चर्चा हो रही थी तो ओजस्वी भाषा का प्रयोग करने के अभ्यस्त पटेल ने कहा कि यह हिंदू धर्म पर कलंक है। इस पर कुछ सदस्य भड़क उठे। उन्होंने सरदार की टिप्पणी का प्रतिवाद करते हुए उन्हें चुनौती दी कि या तो अपने शब्द वापस लें या फिर बताएँ कि यह हिंदू धर्म पर कलंक किस तरह है। वल्लभभाई हँस पड़े और बोले, "तो क्या आप इसे मुसलिम धर्म या ईसाई धर्म पर कलंक मानते हैं?"

महाराष्ट्र के राजनीतिक सम्मेलन में एक ओर जहाँ सरदार पटेल ने व्यावहारिक ठोस काररवाई की जगह केवल शाब्दिक विरोध प्रकट करने को निष्फल चेष्टा की संज्ञा दी, वहीं हिंसक क्रांति को भी अव्यावहारिक बताया। उन्होंने कहा कि किसी राजनीतिक मंच से चीखने-चिल्लाने से क्रांति नहीं होती। इसी तरह छिटपुट हिंसक वारदातें करने से भी कुछ नहीं होता। मौका पाकर किसी की पीठ पीछे छुरा घोंपने में कौन सी वीरता है। वीरता तो सीना तानकर विपक्षी का सामना करने में है। महाराष्ट्र में त्याग, तपस्या, आत्मबलिदान की परंपरा है। बस आप इसमें गुजरात का व्यावहारिक पक्ष और शामिल कर लें तो सफलता आपकी होगी।

इस प्रकार उन्होंने अपने ओजस्वी वक्तव्य से महाराष्ट्र के जनगण में एक नई ऊर्जा का संचार किया और उनमें संघर्ष के वे बीज बोए, जो आगे चलकर स्वाधीनता संघर्ष के लिए बहुत उपयोगी थे। वह समझते थे कि स्थानीय लक्ष्यों की प्राप्ति के लिए संघर्ष करके सफलता पाने से ही जन-साधारण में वह आत्मविश्वास व साहस जाग्रत् होगा, जो उन्हें बृहत् राष्ट्रीय लक्ष्य की प्राप्ति के लिए संघर्ष करने की प्रेरणा देगा।

दक्षिण भारत

सरदार पटेल महाराष्ट्र के जन-जागृति अभियान से निवृत्त हुए थे कि उन्हें चक्रवर्ती राजगोपालाचारी ने तमिलनाडु राजनीतिक सम्मेलन की अध्यक्षता करने का निमंत्रण भेजा। उनके अनिच्छा प्रकट करने पर राजाजी भी बापू की शरण में गए। क्योंकि वह जानते थे कि सरदार गांधीजी की बात कभी नहीं टालते। वही हुआ। बापू के कहने पर वल्लभभाई राजी हो गए। अगस्त मास में वेदारण्य में हुए उस सम्मेलन में वल्लभभाई ने लोगों से परस्पर वैर-विरोध

भुलाकर एक होने का आह्वान किया। उन्होंने कहा कि केवल नारेबाजी करने और प्रस्ताव पारित करने से कोई नतीजा हासिल नहीं किया जा सकता। ठोस रचनात्मक कार्यों और अन्याय के विरुद्ध संघर्ष का मार्ग अपनाने से ही लक्ष्य प्राप्त किए जा सकते हैं। इसके बाद उन्होंने राजाजी के साथ प्रांत के गाँवों का दौरा किया। सरदार तमिलनाडु में ब्राह्मणों और गैर-ब्राह्मणों के बीच वैमनस्य व विवाद से बहुत व्यथित थे। उन्होंने दोनों वर्गों को समझाते हुए कहा कि आप ब्राह्मणों के प्रति इतना द्वेष-भाव क्यों रखते हैं? आखिर उन्होंने आपका क्या बिगाड़ा है? क्या आप जानते हैं कि उन गैर जातवालों (अंग्रेजों) ने ब्राह्मणों को और आपको दोनों को कितनी हानि पहुँचाई है? 5 हजार मील दूर से आकर वे लोग आप पर शासन कर रहे हैं। वे विजातीय हैं। फिर भी ब्राह्मण और आप दोनों उनकी इस तरह पूजा करते हैं मानो वे ही सच्चे ब्राह्मण हों। अगर यह मान भी लें कि ब्राह्मणों ने आपको हानि पहुँचाई तो भी उनके जितनी तो नहीं। ब्राह्मण ऊँचे कैसे हैं? सबसे ऊँचा तो वह है, जो अन्न उपजाकर दूसरों को भोजन देता है। फिर आप ब्राह्मणों को ऊँचा और खुद को नीचा कैसे समझते हैं?"

पं. नेहरू और श्री राजगोपालाचारी के साथ सरदार पटेल।

किसानों की समझ में आनेवाली भाषा और वैसे ही समझ में आनेवाले तर्क, यह वल्लभभाई की विशेषता थी जिसके कारण वह जहाँ भी जाते, श्रोता मंत्रमुग्ध हो जाते थे। वे न केवल उनसे प्रभावित होते बल्कि उनके बताए मार्ग पर चलने को तत्पर हो जाते थे, भले ही वह मार्ग कितना कंटकाकीर्ण क्यों न हो। एक बार किसी विदेशी ने गांधीजी के बारे में बड़ी सार्थक टिप्पणी की थी कि उनकी सबसे बड़ी ताकत यह है कि वह बड़े-से-बड़े बुद्धिजीवी से लेकर अत्यंत साधारण लोगों तक से बड़ी सहजता से संवाद कर लेते हैं। यही विशेषता सरदार पटेल में थी। देखा जाए तो यही वह शक्ति थी, जिसने भारत

से ब्रिटिश शासन के पाँव उखाड़ दिए।

गंगाधर राव देशपांडे कर्नाटक में किसानों का एक संगठन बनाने के लिए प्रयत्नशील थे। किसानों में जागृति लाकर उनमें आत्मबल का संचार करने में वल्लभभाई से अधिक उपयुक्त नेता उनकी राय में दूसरा न था। अतएव उन्होंने सरदार से विशेष आग्रह किया कि वह दो दिन का समय कर्नाटक को भी दें। उनकी बात मानकर सरदार कर्नाटक के दौरे पर गए और वहाँ उन्होंने दस जनसभाओं में किसानों को संबोधित किया। किसानों में जागृति लाते हुए सब सभाओं में उन्होंने उनको निर्भय होने का संदेश दिया। उन्होंने किसानों को समझाया कि न तो जेल से डरें न नौकरशाही से; न कुर्की से डरें, न अन्याय-अत्याचार से। उन्होंने जनसाधारण से विदेशी माल का बहिष्कार करने और हर तरह के नशे से दूर रहने का भी विशेष आग्रह किया।

सरदार पटेल जब किसानों को संबोधित कर रहे थे तो गंगाधर राव को लगा जैसे लोकमान्य तिलक ही बोल रहे हों। उनकी वाणी में उन्हें वही ओज और आँखों में वही आक्रोश दिखाई दिया। महादेव भाई ने भी सरदार के बारे में लिखा था कि उनकी वाणी में बाल गंगाधर तिलक की अनुगूँज सुनाई पड़ती है। दोनों के हाव-भाव व स्वभाव में भी समानता है। दोनों बाहर से जितने कठोर लगते हैं, अंदर से उतने ही कोमल हैं।

बिहार के दौरे पर

कर्नाटक के बाद वल्लभभाई ने दिसंबर में लगभग एक पखवाड़े तक बिहार का दौरा किया। इस दौरान उन्होंने सीतामढ़ी, मुंगेर, चंपारण और गया में आयोजित जिला सम्मेलनों में विशाल जनसमूह को संबोधित किया। बिहार पहुँचने से पहले उनकी ख्याति सुगंध की तरह वहाँ दूर-दूर तक फैल चुकी थी। बिहार के किसानों की दशा गुजरात के किसानों से भी बदतर थी। जमींदारों से त्रस्त और शोषित किसानों को जब पता चला कि कृषकों का मसीहा उनके क्षेत्र के दौरे पर आ रहा है तो वे उन्हें सुनने के लिए उमड़ पड़े।

स्वयं एक कृषक के पुत्र होने के कारण वल्लभभाई के हृदय में किसानों के लिए विशेष सहानुभूति थी और उनकी दुर्दशा देखकर वह द्रवित हो जाते थे। देश के अन्य भागों की तरह वहाँ भी उन्होंने किसानों को निर्भयता का पाठ पढ़ाया। उन्होंने कहा कि आप लोगों को न जमींदारों से डरने की

आवश्यकता है, न सरकार से। किसान तो सबका अन्नदाता है, अतः वह सबसे श्रेष्ठ है—उन सबसे भी, जो खुद को ऊँचे तबके का समझते हैं। फिर उसे किसी से भी डरने की क्या जरूरत है। बिहार कांग्रेस के नेताओं और किसानों ने भी यह महसूस किया कि सरदार पटेल के दौरे से प्रदेश में जो जन-जागृति आई, वह अभूतपूर्व थी।

किसानों की विपत्तियों के अलावा बिहार में वल्लभभाई को जो बात वहाँ बहुत अखरी वह थी परदा प्रथा। उन्होंने स्थान-स्थान पर अपने भाषण में कहा कि महिलाओं को आप लोग इस तरह घर की चारदीवारी में या परदे की कैद में क्यों रखते हैं? आखिर वे आपकी माताएँ, बहनें या पत्नियाँ हैं, जिनका सहयोग आपको लेना चाहिए। उन्हें इस तरह निष्क्रिय न बनाएँ और स्वतंत्र रूप से अपना कर्तव्य निभाने दें। असल में बारदोली के संघर्ष के दौरान वल्लभभाई ने महिला स्वयं-सेवकों की टोलियों का गठन किया था, जिन्होंने गाँव-गाँव घूमकर वहाँ ग्रामीण स्त्रियों में संघर्ष का मंत्र फूँका। इसका सशक्त प्रभाव वह देख चुके थे। वह चाहते थे कि बिहार में भी स्त्रियों में जागृति आए और वे आनेवाले राष्ट्रव्यापी संघर्ष में अपना सक्रिय योगदान दें।

किसानों व स्त्रियों में जागरण उत्पन्न करने के साथ-साथ वल्लभभाई का ध्यान युवकों पर भी था। उनमें छिपी ऊर्जा को जाग्रत् करने से वह भला कैसे चूकते। नारेबाजी को महत्त्व न देनेवाले सरदार ने युवकों से कहा कि आप क्रांति के नारे लगाना बंद करके अपने जीवन में क्रांति लाने का प्रयत्न करें तो बेहतर होगा।

□

12

पूर्ण स्वराज

ध्यान रहे, जो सत्य के लिए मर-मिटने को तैयार हैं, वे ही अंत में विजयी होंगे।

—सरदार पटेल

दिसंबर 1929 में लाहौर में कांग्रेस का अधिवेशन होने वाला था। इस अधिवेशन का विशेष ऐतिहासिक महत्त्व था, क्योंकि कांग्रेस के अनेक नेताओं का विश्वास विधानसभाओं पर नहीं रहा था। यह बात धीरे-धीरे सबकी समझ में आने लगी थी कि पार्टी को पूर्ण स्वराज का लक्ष्य ही रखना चाहिए। लाहौर अधिवेशन में इस आशय का प्रस्ताव पारित किए जाने की पेशकश थी, अतः अध्यक्ष भी ऐसा ही होना चाहिए था, जो जुझारू और अपने इरादों में अटल हो।

इस अधिवेशन के अध्यक्ष पद के लिए प्रांतों से तीन नाम आए। दस प्रांतों ने गांधीजी के नाम का प्रस्ताव भेजा। पाँच प्रांतों ने सरदार पटेल का और तीन ने जवाहरलाल नेहरू का नाम प्रस्तावित किया। हालाँकि जवाहरलाल नेहरू का नाम सबसे कम प्रांतों से आया था, लेकिन बापू उन्हें अध्यक्ष बनाना चाहते थे। इसलिए उन्होंने स्वयं अध्यक्ष बनने से इनकार कर दिया। सरदार पटेल को इस बात की भनक लग गई थी कि गांधीजी क्या चाहते हैं। वैसे भी, उन्हें कभी किसी पद या सम्मान की लालसा नहीं थी। वह तो देश को विदेशी शासन से मुक्त करने के लिए जन-जागरण में ही अपना सारा समय लगाना चाहते थे। अतः उन्होंने भी अध्यक्ष पद स्वीकार करने से मना कर दिया। जो लोग वल्लभभाई जैसे ओजस्वी नेता को इस महत्त्वपूर्ण अधिवेशन के अध्यक्ष

पद पर देखना चाहते थे, उनके आग्रह को पटेल ने यह कहकर टाल दिया कि जहाँ सेनापति (गांधीजी) जा रहे हों वहाँ मुझ जैसे सिपाही के जाने का क्या काम। इस तरह पटेल ने जवाहरलाल के अधिवेशन का अध्यक्ष बनने का मार्ग प्रशस्त कर दिया।

जैसा कि पूर्व निश्चित था, जवाहरलाल की अध्यक्षता में अधिवेशन में पूर्ण स्वराज का प्रस्ताव रखा गया और सभा में उपस्थित प्रतिनिधियों ने तालियों की गड़गड़ाहट के साथ पूरी सहमति जताते हुए उसे पारित कर दिया। 31 दिसंबर को पं. जवाहरलाल नेहरू ने रावी नदी के किनारे तिरंगा फहराकर पूर्ण स्वतंत्रता का ऐलान कर दिया। यह एक नए और कड़े संघर्ष की शुरुआत थी, जिसकी बागडोर गांधीजी को सौंपी गई।

गांधीजी ने साबरमती आश्रम से डाँडी तक यात्रा करके संघर्ष की शुरुआत करने का इरादा किया। डाँडी में वह अपने हाथों नमक बनाकर नमक कानून तोड़ने वाले थे। गांधीजी ने 12 मार्च, 1930 को 78 अनुयायियों के साथ ऐतिहासिक डाँडी यात्रा करने का निर्णय लिया। इसकी सारी योजना और रणनीति सरदार पटेल ने बनाई। उन्होंने यह भी तय किया कि डाँडी यात्रा आरंभ होने से पहले ही वह गुजरात के दौरे पर निकल जाएँगे और गाँव-गाँव घूमकर स्वदेशवासियों को आने वाले सविनय अवज्ञा आंदोलन के लिए तैयार करेंगे।

सरदार ने अपना जन-जागरण अभियान आरंभ किया और स्थान-स्थान पर लोगों को डाँडी यात्रा के महत्त्व और आनेवाले संघर्ष के लिए एकजुट होने की आवश्यकता पर प्रकाश डाला। उदाहरण के लिए भड़ौंच में अपने ओजस्वी भाषण में उन्होंने विशाल जनसमूह को संबोधित करते हुए कहा—

‘‘सारे संसार में महात्मा गांधी के समतुल्य कोई दूसरा व्यक्ति नहीं। मैं आपसे पूछता हूँ कि आपने उनसे क्या सीखा? दुनिया आपसे सवाल करेगी कि आपने क्या किया? मैं किसानों से और दूसरों से पूछता हूँ कि आपकी अपने ईश्वर या खुदा में आस्था है या नहीं? क्या आप नहीं जानते कि जो जन्मा है, वह एक दिन अवश्य मरेगा। मौत से कोई भी बच नहीं सकता। इसलिए मरना है तो बहादुरों की मौत मरो, कायरों की नहीं। जब तोपों से गोले बरसते हैं, हवाई जहाजों से बम गिरते हैं, हजारों की संख्या में लोग मरते

हैं, तभी इतिहास बनता है। वह दिन हमारे यहाँ कब आएगा? वह दिन तभी आएगा जब एक भी गुजराती सरकार का साथ नहीं देगा। हम साबरमती के संत की बात को समझ लें तो यह सब आसान हो जाएगा। जरूरत इस बात की है कि आप अधिक-से-अधिक संख्या में गिरफ्तारियाँ दें।''

गिरफ्तारी

सरदार पटेल के भाषणों का जादुई असर सुननेवालों पर पड़ता था। उसके अद्‌भुत प्रभाव से सारे गुजरात में क्रांति की एक लहर दौड़ने लगी थी। और कोई रास्ता न देख ब्रिटिश हुकूमत ने सरदार पटेल के भाषण देने पर पाबंदी लगा दी। गांधीजी की डाँडी यात्रा से पाँच दिन पहले वल्लभभाई 7 मार्च, 1939 को बोरसद के रास गाँव में एक विशाल जनसभा को संबोधित करने के लिए आए हुए थे। तभी मजिस्ट्रेट ने उन्हें रोका और भाषण न देने के सरकारी आदेश की एक प्रति उन्हें दे दी। उन्होंने सरकार का प्रतिबंधन आदेश मानने से इनकार कर दिया तो उनको तुरंत गिरफ्तार कर लिया गया। आगे की कानूनी काररवाई के लिए उन्हें पुलिस हिरासत में बोरसड ले जाया गया। सरकारी आदेश की अवहेलना करके भाषण देने की जिद करने के लिए उन्हें तीन महीने तीन सप्ताह की कैद की सजा सुनाई गई; जबकि रास की सभा में पटेल एक वाक्य भी नहीं बोल पाए थे। सरदार ने कोई प्रतिरोध या बचाव नहीं किया और चुपचाप यह सजा स्वीकार कर ली। उन्हें कार से अहमदाबाद लाया गया और साबरमती जेल में बंद कर दिया गया।

जैसा कि स्वाभाविक ही था, वल्लभभाई की गिरफ्तारी की देश भर में और विशेष रूप से गुजरात में बड़ी जबरदस्त प्रतिक्रिया हुई। ब्रिटिश हुकूमत के इस अनुचित व्यवहार पर जन-आक्रोश फूट पड़ा। अकेले अहमदाबाद में ही 75 हजार लोगों की विशाल जनसभा हुई, जिसमें सरदार पटेल के दिखाए मार्ग पर चलने की प्रतिज्ञा की गई। जनसमूह ने यह सामूहिक शपथ ली कि जब तक देश स्वतंत्र नहीं हो जाता, वे सत्य और अहिंसा के मार्ग पर चलते हुए विदेशी दासता के विरुद्ध अपना संघर्ष जारी रखेंगे। रास गाँव के 500 लोगों ने भी, जहाँ सरदार भाषण नहीं दे पाए थे, सत्याग्रह में सक्रिय भाग लेने की शपथ ली। कई स्थानीय लोगों ने अपनी सरकारी नौकरियों से त्यागपत्र देकर असहयोग जताया। स्वतंत्र सरदार पटेल के भाषणों का जो प्रभाव था,

बंदी सरदार पटेल का प्रभाव शायद उससे भी अधिक दिखाई दे रहा था। यह वल्लभभाई की लोकप्रियता और जनता के उनके प्रति आदर व प्रेम का प्रत्यक्ष प्रमाण था।

जेल में वल्लभभाई को अन्य बंदियों की तरह ज्वार की दो रोटी और नापकर थोड़ी सी दाल या सब्जी मिलती थी। सोने के लिए सिर्फ एक कंबल। किसी तरह की सुविधा का तो सवाल ही न था। पर पटेल ने खुशी-खुशी वह सब सहा। उनका कहना था कि जेल के सभी कर्मचारी आखिर भारतीय ही तो थे। गोरे होते तो मैं उनके खिलाफ कोई काररवाई करने के बारे में शायद सोचता भी, पर अपने ही भाइयों के खिलाफ क्या करता। उन्होंने खेदपूर्वक कहा कि इस देश के गुलाम होने का कारण भी यही है कि अपने ही देशवासी विदेशियों के चाकर बनकर अपने भाइयों पर अत्याचार करते हैं। गांधीजी की तरह वह भी इस बात को अच्छी तरह समझते थे कि अगर सारा देश संगठित होकर अंग्रेजों का विरोध करे तो देश से उन्हें भगाने में अवश्य सफलता मिलेगी।

कमिश्नर गेरेट जेल के दौरे पर आए तो सब कैदियों को उनके स्वागत के लिए पंक्ति में खड़े रहने का आदेश दिया गया। सरदार ने यह कहकर इनकार कर दिया कि यह हमारे आत्मसम्मान के विरुद्ध है, इसलिए कदापि ऐसा न करेंगे। बाद में कमिश्नर ने सरदार से भेंट की तो उन्होंने गेरेट को साफ-साफ कहा कि "अगर आप सोचते थे कि आंदोलन के नेताओं को जेल में बंद करने के बाद आप सामान्य जन को दबा लेंगे तो आप गलत साबित हो चुके हैं। किसान व सभी सामान्य जन अब भी संघर्ष की राह पर ही चल रहे हैं। अगर आप कोई समझौता वार्त्ता करना चाहते हैं तो वह नेताओं को जेल से रिहा करने के बाद ही संभव होगा।" कमिश्नर को इसका कोई जवाब न सूझा तो वह बिना कुछ कहे चला गया।

12 मार्च को सुबह-सवेरे गांधीजी आश्रम से डाँडी यात्रा पर निकलने वाले थे। वल्लभभाई ने जेल में अपने नित्य-नियम के अनुसार गीता पाठ किया और उसके बाद बापू के नमक-सत्याग्रह की सफलता के लिए प्रार्थना की।

जेल की सजा पूरी हो जाने के बाद 26 जून को वल्लभभाई को रिहा कर दिया गया। इस बीच गांधीजी 12 मार्च से डाँडी यात्रा पर चलकर 5

अप्रैल को वहाँ पहुँचे थे। वहाँ उन्होंने अपने हाथों नमक बनाकर नमक कानून तोड़ा और गिरफ्तार हुए। जेल जाने से पहले बापू मोतीलाल नेहरू को अपना उत्तराधिकारी बना गए। कांग्रेस के शीर्ष नेताओं की कभी भी गिरफ्तारी की आशंका रहती थी, इसलिए मोतीलालजी ने तय किया कि अगर वह गिरफ्तार होते हैं तो उनके बाद वल्लभभाई पटेल कांग्रेस अध्यक्ष का कार्यभार सँभालेंगे। 30 जून को मोतीलालजी को भी गिरफ्तार कर लिया गया तो सरदार पटेल ने पार्टी की बागडोर सँभाली।

पटेल की रणनीति

पार्टी का अध्यक्ष मनोनीत किए जाने के कारण सरदार ने पं. मोतीलाल के बाद अध्यक्ष का काम देखना शुरू किया तो उनका देशवासियों को एक ही मुख्य संदेश था—संघर्ष जारी रखो। उन्हें यह जानकर बहुत संतोष हुआ कि उनकी जेल यात्रा के दौरान भी गुजरात में नमक कानून उल्लंघन और सरकार के अधिक लगान वसूलने के इरादों (रास गाँव में) के विरोध में लगान न देने की घोषणा के साथ संघर्ष का सिलसिला जारी रहा। सरदार पटेल के आदेशों का पालन करते हुए विदेशी माल का बहिष्कार और विदेशी कपड़ों की होली जलाने के कार्यक्रम भी उनकी अनुपस्थिति में बदस्तूर जारी रहे। शराब की दुकानों पर धरना देने में महिलाओं ने अपनी सक्रिय भूमिका निभाई।

कांग्रेस पार्टी के नेतृत्व में सत्याग्रह आंदोलन में बढ़ती तीव्रता से गोरी सरकार की चिंता का बढ़ना स्वाभाविक ही था। उसने एक विशेष अध्यादेश जारी करके कांग्रेस कार्यसमिति की गतिविधियों पर पांबदी लगा दी और उसके सभी दफ्तर सीलबंद कर दिए। इसका जवाब देते हुए वल्लभभाई ने ऐलान किया कि आज से देश का हर नागरिक कांग्रेस संगठन और हर घर कांग्रेस का कार्यालय होगा। सारे देश के नागरिकों को गिरफ्तार करके जेल में ठूसना और हर घर को सीलबंद करना क्या किसी सरकार के बूते की बात थी। ब्रिटिश हुकूमत वल्लभभाई के इस जवाब से बौखला गई। अध्यादेश जारी करने के बाद संघर्ष में कमी आने के बजाय सरदार के नेतृत्व में उसके और उग्र होने से सरकार की बेचैनी और भी बढ़ गई। वह वल्लभभाई को गिरफ्तार करने का बहाना ढूँढ़ने लगी।

लोकमान्य बाल गंगाधर तिलक की 75वीं जयंती के उपलक्ष्य में 31

जुलाई को बंबई में एक विशाल जुलूस निकाला गया। सरकार ने जुलूस पर पाबंदी लगा दी तो उसके विरोध में सभी लोग रात भर सड़क पर बैठे रहे। जुलाई के महीने में बंबई में भी बहुत बारिश हुई; पर जुलूस का नेतृत्व करनेवाले सरदार पटेल खुद भी सब लोगों के साथ भीगते हुए रात भर विरोध-स्वरूप वहाँ बैठे रहे। सुबह होते ही सरकार ने धरने पर बैठे लोगों पर बड़ी बेरहमी से लाठी चार्ज किया। अपनी निष्ठुरता में उन्होंने औरतों और बच्चों को भी नहीं बख्शा। सरदार पटेल को गिरफ्तार कर लिया गया। उन्हें तीन महीने की सजा सुनाकर यरवदा जेल भेज दिया गया।

हैवानियत की मिसाल

इधर सरदार जेल में थे, उधर पुलिस ने तरह-तरह से उनके परिवारवालों को सताना शुरू किया। यहाँ तक कि उनकी 80 साल की बूढ़ी माताजी को भी नहीं बख्शा। पुलिस ने घर में घुसकर उनके साथ ऐसा दुर्व्यवहार किया, जिसकी मिसाल किसी सभ्य समाज में नहीं मिल सकती। पुलिस उनकी रसोई में घुस गई। जिस हांडी में उन्होंने चावल पकाए थे, उसमें कंकर-पत्थर डाल दिए। बहुत सा खाने का सामान बाहर फेंका। बाकी बचे हुए सामान में से कुछ में धूल-मिट्टी मिलाई, कुछ में मिट्टी का तेल डाल दिया। यह खबर आनन-फानन चारों ओर फैल गई। जनता का गुस्सा स्वाभाविक था। लेकिन वल्लभभाई को जैसे ही यह समाचार मिला, उन्होंने सबसे अपील की कि हर हालत में शांति बनाए रखें और अपने अहिंसा के नियम का पालन करें।

बारदोली और बोरसद में सरकार ने समझौते का पूरी तरह पालन नहीं किया था। मजबूरन किसानों को एक बार फिर संघर्ष का मार्ग अपनाना पड़ा था। सरकार ने भी पुराने हथकंडे अपनाते हुए जोर-जबरदस्ती और कुर्की शुरू कर दी थी। पुलिस की ज्यादतियाँ इतनी बढ़ गई थीं कि लोगों को भागकर दूर-दराज के इलाकों में शरण लेनी पड़ी। सब में शर्मनाक बात यह थी कि पुलिसवाले औरतों और बच्चों को अपने जुल्म का निशाना बना रहे थे।

जुलाई में वल्लभभाई को रिहा किया गया। वह चैन से बैठनेवालों में तो थे नहीं, मुक्त होते ही किसानों के संघर्ष का नेतृत्व करने में जुट गए। उनका बातचीत करने, भाषण देने और समझाने का भी अपना ही तरीका था।

उन्होंने किसानों को संबोधित करते हुए कहा कि, 'सरकार कहती है, सबकी जमीनें छीन लेगी। जब जमीन ही न रहेगी तो राज किस पर करेगी?' एक अन्य स्थान पर अपने भाषण में उन्होंने कहा कि 'आप लोग अपनी जमीन की चिंता बिलकुल न करें। जमीन छिन भी गई तो अपने आप वापस चली आएगी।' इससे किसानों में एक नए साहस का संचार हुआ; क्योंकि वे जानते थे कि सरदार की वाणी थोथा भाषण नहीं, उसके पीछे ठोस सच्चाई होती है। यह सच्चाई उन्होंने बारदोली के ऐतिहासिक आंदोलन के दौरान देखी थी, इसलिए सरदार पर उन्हें अटूट विश्वास था।

इधर किसानों में सरदार पटेल के मैदान में आ जाने से एक नया जोश आया तो उधर सरकार की चिंता बढ़ी। वह बारदोली सत्याग्रह की करारी शिकस्त का कड़वा स्वाद भूली न थी। उसने सरदार पटेल के भाषण देने पर प्रतिबंध लगा दिया। बंबई में एक खादी भंडार के उद्घाटन पर सरदार पटेल को आमंत्रित किया गया था। वहाँ उन्होंने एक सामान्य सा भाषण दिया, जिसमें सरकार की दृष्टि से भी कोई बात आपत्तिजनक नहीं कही जा सकती थी। लेकिन हुकूमत को तो बहाने की तलाश थी। प्रतिबंध का उल्लंघन करने के आरोप में सरदार को दिसंबर 1930 में गिरफ्तार कर लिया गया। इस बार उन्हें 9 महीने के कारावास की सजा सुनाई गई।

इन्हीं दिनों लंदन में पहला गोलमेज सम्मेलन आयोजित करने के बारे में बातचीत चल रही थी। अत: आवश्यक था कि सम्मेलन के लिए उपयुक्त वातावरण तैयार करने के लिए और कांग्रेस के नेताओं को परस्पर विचार-विमर्श का अवसर देने के लिए उन्हें रिहा कर दिया जाए। इधर दिल्ली में गांधीजी की वायसराय से वार्त्ता भी चल रही थी। इससे संबंधित राय-मशविरे के लिए भी पार्टी के शीर्ष नेताओं का दिल्ली में होना आवश्यक था। लिहाजा वायसराय ने एक विशेष अधिसूचना जारी की, जिसके तहत 25 जनवरी, 1931 को कांग्रेस के 26 शीर्ष नेताओं को जेल से रिहा कर दिया गया, जिनमें सरदार पटेल भी शामिल थे।

लंदन में हुए पहले गोलमेज सम्मेलन में कांग्रेस ने भाग नहीं लिया। लेकिन तत्कालीन ब्रिटिश प्रधानमंत्री मैक्डोनॉल्ड ने ऐलान किया कि भारत को औपनिवेशिक स्वराज दिया जा सकता है। इधर गांधीजी की वायसराय के साथ बातचीत प्रगति पर थी। 5 मार्च को गांधी-इर्विन समझौता हुआ, जिसके

फलस्वरूप कांग्रेस ने अपना आंदोलन वापस ले लिया और यह भी स्वीकार कर लिया कि वह दूसरे गोलमेज सम्मेलन में भाग लेगी। समझौते की शर्तों का पालन करते हुए सरकार ने सभी राजनीतिक बंदियों को रिहा कर दिया।

कराची अधिवेशन

कांग्रेस का अधिवेशन मार्च 1931 के अंतिम दिनों में कराची में हुआ। सरदार पटेल को इसका अध्यक्ष बनाया गया था। उस समय दो कारणों से वातावरण अत्यधिक उत्तेजनापूर्ण था। एक तो अधिवेशन से ठीक एक दिन पहले शहीदे-आजम भगतसिंह, राजगुरु और सुखदेव को लाहौर षड्यंत्र केस में फाँसी दी गई थी। लाहौर में लाला लाजपतराय ने साइमन कमीशन के विरोध में हो रहे प्रदर्शन का नेतृत्व किया तो पुलिस ने उन्हें बड़ी बेरहमी से लाठियों से पीटा। इससे लालाजी की बाद में मृत्यु हो गई। युवा भगतसिंह और उनके साथियों का खून खौल उठा। उन्होंने एक योजना बनाकर लालाजी पर निर्मम प्रहार करनेवाले अंग्रेज पुलिस ऑफिसर सांडर्स को गोली का निशाना बनाया। उसी सांडर्स की हत्या के जुर्म में मुकदमा चलाकर ब्रिटिश हुकूमत ने भगतसिंह, राजगुरु और सुखदेव को मौत की सजा सुनाई थी।

जैसा कि स्वाभाविक ही था, देश भर में इसकी तीव्र प्रतिक्रिया हुई थी, विशेषकर युवकों का आक्रोश चरम पर था। भगतसिंह और उनके साथियों को सजा सुनाए जाने के बाद देश के कोने-कोने से आवाजें उठी थीं कि गांधीजी अपने प्रभाव का प्रयोग करें, वायसराय पर दबाव बनाएँ कि उनके मृत्यु-दंड को आजीवन कारावास में बदला जाए। गांधीजी ने भरसक प्रयास भी किया था, लेकिन उन्हें सफलता नहीं मिली। इससे गांधीजी और कांग्रेस के प्रति लोगों में नाराजगी व्याप्त थी।

नाराजगी का दूसरा कारण गांधी-इर्विन समझौता था। कांग्रेस में और कांग्रेस के बाहर भी विशेष रूप से युवक इस समझौते के तहत सविनय अवज्ञा आंदोलन स्थगित करने से भड़के हुए थे। वे अंग्रेजों से किसी भी तरह के समझौते के कतई खिलाफ थे और चाहते थे कि हर हाल में और हर कीमत पर स्वाधीनता संघर्ष जारी रखा जाए।

ऐसी विकट स्थिति को सँभालना और अधिवेशन में गांधी-इर्विन समझौते के प्रस्ताव को पारित कराना टेढ़ी खीर थी। वरिष्ठ कांग्रेस जन जानते

थे कि यह पटेल जैसे किसी नेता के ही बूते की बात थी, इसलिए अध्यक्ष का काँटों भरा ताज उन्हें पहनाया गया। पार्टी में जो वल्लभभाई के विरोधी थे वे भी चाहते थे कि इस बार सरदार ही अध्यक्ष बनें। उन्हें लगता था कि अपने प्रयास में असफल होने पर सरदार की साख गिराने की उनकी मंशा पूरी हो जाएगी।

लेकिन सरदार पटेल ने बड़ी कुशलता से सम्मेलन का संचालन किया और स्थिति को सँभाला। इस अवसर पर उन्होंने जो अध्यक्षीय भाषण दिया, वह संक्षिप्त भी था और उनकी विनम्रता का परिचायक भी। उन्होंने कहा कि आप लोगों ने एक साधारण किसान को इस उच्च पद के लिए चुना है। मैं नहीं समझता कि मैंने इतने बड़े सम्मान के लायक कोई काम किया है। लेकिन स्वाधीनता संग्राम में गुजरात ने जिस तरह का योगदान दिया है, मैं चाहता हूँ कि आप उससे प्रेरणा ग्रहण करें। सशस्त्र क्रांति में विश्वास रखनेवाले युवकों की ओर इंगित करते हुए वल्लभभाई ने कहा कि मैं उनके काम करने के तरीके के बारे में यहाँ कुछ नहीं कहना चाहता, लेकिन उनकी देशभक्ति, साहस और बलिदान के आगे मैं अपना शीश नवाता हूँ।

कांग्रेस के युवा वर्ग की नाराजगी गांधी-इर्विन समझौते को लेकर भी थी ही। वल्लभभाई ने उन्हें यह कहकर आश्वस्त किया कि हमें इस समझौते से कुछ अच्छे परिणामों की आशा है। लेकिन अगर ऐसा नहीं हुआ तो आंदोलन फिर से आरंभ किया जाएगा। इस पर कुछ ने ऐतराज जताते हुए कहा कि इस प्रक्रिया से विलंब होगा। इसका जवाब देते हुए सरदार ने कहा कि बापू की उम्र इस समय 63 साल और मेरी 56 साल है। हम लोग अपने जीवन काल में देश को स्वतंत्र देखना चाहते हैं। हम आपसे ज्यादा जल्दी में हैं। हम इस मामले में आपसे कहीं अधिक व्यग्र हैं। फिर आप लोग इतने अधीर क्यों हो रहे हैं?

यह सरदार की तर्क-शक्ति, व्यवहार-कुशलता व वाक्-चातुर्य का प्रभाव था कि गांधी-इर्विन समझौते से संबंधित प्रस्ताव अधिवेशन में बिना किसी विशेष रोक-टोक के पारित हो गया। इस संदर्भ में सबसे अधिक उल्लेखनीय बात यह है कि जवाहरलाल नेहरू समझौते के बहुत खिलाफ थे, लेकिन इसे पारित करने का प्रस्ताव अधिवेशन के सामने उन्होंने रखा।

कराची अधिवेशन समाप्त होने के बाद महात्मा गांधी गोलमेज सम्मेलन

में भाग लेने के लिए रवाना हो गए। लेकिन जैसी कि आशंका थी, इसका वांछित परिणाम नहीं निकला। इधर उनकी अनुपस्थिति में भी सरकार ने गांधी-इर्विन समझौते का खुला उल्लंघन करते हुए अपना दमन-चक्र जारी रखा। सरदार पटेल उससे बहुत व्यथित हुए, परंतु उन्होंने स्वयं को शांत रखा और स्वदेशवासियों से भी शांति बनाए रखने की अपील की, ताकि कांग्रेस पर समझौते के उल्लंघन का आरोप न आए। इसके साथ ही उन्होंने पत्र लिखकर गांधीजी को वहाँ की सारी स्थिति की जानकारी दी और भारत लौट आने का आग्रह किया।

उन दिनों के घटनाक्रम से जाहिर होता है कि ब्रिटिश हुकूमत का रवैया बदल रहा था। लॉर्ड इर्विन के बाद उसने लॉर्ड विलिंगडन को वायसराय बनाकर भारत भेजा, जो उपनिवेशवादी थे और डंडे के जोर पर हुकूमत चलाने में विश्वास रखते थे। इंग्लैंड में भी भारत मामलों के मंत्री होरे ने गांधीजी से साफ-साफ कहा कि आपकी बातों से हम समझ गए हैं कि कांग्रेस का उद्‍देश्य क्रांति है। इसलिए हम आपकी पार्टी को टिकने नहीं देंगे। कहाँ तो आपसी बातचीत के माध्यम से समस्याएँ सुलझाने का प्रस्ताव था और कहाँ गांधीजी को खाली हाथ स्वदेश लौटना पड़ा।

जैसा कि सरकार के रवैए से जाहिर हो रहा था, उसने कांग्रेस को अवैध घोषित कर दिया। गांधीजी 28 दिसंबर, 1931 को भारत लौटे थे और 4 जनवरी को उन्हें बंदी बना लिया गया। उनके साथ सरदार पटेल को भी गिरफ्तार कर लिया गया और दोनों को यरवदा जेल भेज दिया गया। इस बीच गांधीजी ने वाइसराय को पत्र लिखकर उनसे मिलने की इजाजत माँगी थी, पर उन्हें समय नहीं दिया गया। फिर उन्होंने तार भेजकर उन्हें अपनी स्थिति स्पष्ट की।

यरवदा जेल

वल्लभभाई पटेल बापू के साथ करीब एक साल चार महीने तक यरवदा जेल में रहे। उन्होंने अपना यह समय बापू के सच्चे अनुयायी के तौर पर बिताया और अपनी दिनचर्या व खान-पान सबकुछ उनके अनुरूप रखा। गांधीजी चाय नहीं पीते थे। वह चावल भी नहीं खाते थे। वल्लभभाई ने भी इन दोनों चीजों को त्याग दिया। इसके अलावा वह गांधीजी का बहुत ध्यान

रखते और उनके छोटे-छोटे काम भी खुद करके खुशी महसूस करते थे। बापू सुबह 4 बजे उठ जाते थे तो वल्लभभाई भी उसी समय उठते थे। कभी-कभी बापू उससे भी पहले उठ जाते। वल्लभभाई भी तभी उठ खड़े होते। बापू कहते, "आप अभी थोड़ी और नींद ले लें।" पर उनका जवाब होता कि "आप जागें और मैं सोऊँ, यह कैसे संभव है।" रिहा होने के बाद गांधीजी ने लिखा कि जेल में वल्लभभाई ने मेरा इस तरह खयाल रखा कि मुझे अपनी माता की याद आ गई।

मानसिक आघात

जेल में शारीरिक कष्ट तो थे ही, वल्लभभाई को व्यक्तिगत शोक के कारण मानसिक आघात से भी गुजरना पड़ा। सन् 1932 में उनकी माताजी का देहांत हो गया। सरकार ने उन्हें अपनी शर्तों पर रिहा करने की पेशकश की, लेकिन सरदार किसी तरह के समझौते के लिए तैयार न थे। बिना शर्त रिहाई से इनकार होने पर उन्होंने जेल में रहकर ही यह दुःख सह लिया, पर अपने आदर्शों से डिगे नहीं। इससे भी बड़ा आघात उन्हें एक साल बाद झेलना पड़ा। जब सन् 1933 में उनके बड़े भाई विट्ठलभाई पटेल का विदेश में निधन हो गया। उनका पार्थिव शरीर अंतिम संस्कार के लिए बंबई लाया गया। सबकी इच्छा थी कि वल्लभभाई उनका अंतिम संस्कार करें। लेकिन फिर वही अड़चन आई। सरकार उन्हें बिना शर्त रिहा करने को राजी नहीं हुई और उन्होंने यह पहले से भी गहरा सदमा जेल में रहकर सहा।

जेल में वल्लभभाई का स्वास्थ्य बहुत खराब चल रहा था। खास तौर पर उनकी नाक की तकलीफ बहुत बढ़ गई थी, जिससे साँस लेना भी मुश्किल हो जाता था। डॉक्टरों के अनुसार आपरेशन के सिवा कोई चारा न था। जुलाई 1934 में सरकारी आदेश पर गठित एक विशेष चिकित्सा दल ने सरदार पटेल के स्वास्थ्य की परीक्षा की। उसकी रिपोर्ट पर अमल करते हुए सरकार ने उन्हें रिहा कर दिया ताकि उन्हें आवश्यक चिकित्सा सुविधा मिल सके। रिहाई के बाद वह बंबई आए और इतने दिन कष्ट भोगने के बाद वहाँ अपनी नाक का ऑपरेशन कराया।

□

13

जन-सेवा

सच्चा बलिदान सदा परमार्थी होता है। उसमें हानि-लाभ का हिसाब नहीं होता। उसमें किसी प्रकार के बदले की अपेक्षा नहीं रहती, न ही उसमें निराशा या पश्चात्ताप की कोई गुंजाइश होती है।

—सरदार पटेल

देश को विदेशी दासता से मुक्त कराना एक बहुत बड़ा उद्‌देश्य था। लेकिन इसके साथ ही वल्लभभाई देश व समाज की अन्य समस्याओं के प्रति भी पूरी तरह जागरूक थे और उन पर पूरा ध्यान देते थे। परतंत्रता के कारण समाज का न तो सम्यक् विकास हो पाया था, न उसकी समस्याओं की तरफ ध्यान देने के प्रति शासकों ने अपेक्षित गंभीरता दिखाई थी। अशिक्षा, बीमारी, महामारी, फूट, जात-पाँत, धर्म-संप्रदाय, निर्धनता आदि की अनेक प्रकार की समस्याएँ समाज में व्याप्त थीं। शासकों के साथ संघर्ष के दौरान सरदार को जब थोड़ा सा भी अवकाश मिलता तो वह इस ओर ध्यान देते। स्वाधीनता संघर्ष के लिए जागरूकता फैलाने के लिए भी वह जहाँ जाते वहाँ की कोई भी मुख्य समस्या होती तो अपने भाषणों में उसकी चर्चा अवश्य करते। वह दक्षिण में गए तो ब्राह्मणों व अन्य वर्गों के बीच पनप रहे वैमनस्य पर अपने भाषणों में निरंतर विचार व्यक्त करते रहे, ताकि दोनों वर्गों में कटुता यथासंभव कम हो सके। बिहार में जहाँ भी गए, पर्दा प्रथा के विरोध में बोले। उन्होंने बिहार के किसानों व अन्य वर्गों को अपने घर की स्त्रियों को परदे में रखने के लिए उनकी आलोचना की। साथ ही स्त्रियों में आत्मविश्वास व साहस का संचार करने के लिए उन्हें भी समझाया कि अपने पर लगी पाबंदियों का विरोध करें। कई बार तो उन्होंने यहाँ तक कह

डाला कि जो पति आपको परदे में रखता है, उसे तलाक दे दें। नारी शक्ति को पहचाननेवालों में वह अग्रगण्य थे और चाहते थे कि परिवार व समाज के सभी कार्यों में महिलाओं की भी बराबर की भूमिका रहे। अपने आंदोलनों में भी उन्होंने स्त्रियों का बहुत प्रभावी प्रयोग किया।

महामारी

वल्लभभाई की जेल से रिहाई के कुछ अरसे बाद बोरसद ताल्लुके के 27 गाँवों में प्लेग फैल गया। उस क्षेत्र के ग्रामीण पहले भी इस महामारी का प्रकोप झेल चुके थे। इसलिए इस बार इस विभीषिका का आतंक और भी भयानक था। पिछले अनुभवों से सरदार पटेल जानते थे कि सरकार इस बार भी उदासीनता बरतेगी और हुआ भी ऐसा ही। महामारी की चपेट में आए लोगों के लिए सरदार का हृदय द्रवित हो उठा। आखिर देश-सेवा और देशवासियों की सेवा को ही तो उन्होंने अपने जीवन का उद्देश्य बना लिया था। उन्होंने स्वयंसेवकों के जत्थे बनाए, जो गाँव-गाँव घूमकर इस महामारी से बचने और उसके उन्मूलन के उपाय गाँववालों को समझाते थे। इसके अलावा सरदार ने बोरसद में प्लेग के मरीजों के उपचार के लिए एक निजी अस्पताल भी खोला। वह स्वयं गाँव-गाँव घूमकर सारे सेवा-कार्यों का नेतृत्व व निरीक्षण करते रहे।

प्लेग ऐसी भयानक छूत की बीमारी थी कि उसके नाम से ही दूर-दूर तक आतंक फैल जाता था। लोग मौत के डर से अपने रोगी सगे-संबंधियों को मरने के लिए छोड़कर भाग जाते थे। ऐसे में प्लेगवाले ग्रामों में जाकर सेवा कार्य करना मौत से खेलना था। सरदार पटेल और उनके अनुयायियों ने जो कुछ किया, उसके महत्त्व की कल्पना इसी तथ्य से की जा सकती है। एक तो सरकार की तरफ से उदासीनता थी, दूसरा महामारी का खौफ, इसलिए सरकारी अमला महामारी ग्रस्त क्षेत्रों में प्रभावी न था। इसी कमी को पूरा करने के लिए वल्लभभाई आगे आए और उन्होंने सेवा-भाव से ओत-प्रोत अन्य लोगों को साथ लेकर इस विभीषिका का सामना किया। उनके इस अथक परिश्रम का परिणाम सामने आया और शीघ्र ही उस क्षेत्र को प्लेग से मुक्ति मिल गई। इतना ही नहीं, बीमारी की रोकथाम के लिए उनकी जन-जन तक फैलाई जागरूकता के कारण फिर इस क्षेत्र में कभी प्लेग नहीं फैली।

जैसा कि स्वाभाविक ही था, इस निस्स्वार्थ सेवा ने सरदार वल्लभभाई

पटेल की लोकप्रियता में चार चाँद लगा दिए। जहाँ चारों ओर उनका यश फैल रहा था, वहीं गोरी सरकार को यह बहुत अखरा। होना तो यह चाहिए था कि सरकार उनके कार्य की सराहना करते हुए उन्हें सम्मानित करती, पर उसने उनकी बढ़ती साख में बट्टा लगाने के लिए अप्रत्यक्ष तरीका अपनाया। एक सरकारी बयान जारी करके कहा गया कि कुछ लोग निजी तौर पर प्लेग का मुकाबला करने की कोशिश में लगे रहे हैं। यह उचित नहीं। ऐसी बीमारी का मुकाबला और रोकथाम के लिए गहन जानकारी और डॉक्टरी उपायों की जरूरत होती है। यह काम सरकार का स्वास्थ्य विभाग ही कर सकता है। अधकचरे ज्ञान के साथ ऐसे काम करने का कोई महत्त्व नहीं है। पहले से ही सरकारी उदासीनता से खिन्न ग्रामीणों में इस सरकारी कृतघ्नता और कुटिलता से रोष ही भड़का।

सरदार पटेल भी शांत रहनेवालों में से न थे। उन्होंने भी एक बयान जारी करके सरकारी लापरवाही के सुबूत पेश किए और उनकी टीम ने जो कुछ सेवा कार्य किए थे, उनका भी ब्योरा दिया। बाद में इसके बारे में एक स्वतंत्र जाँच समिति का गठन किया गया। समिति ने क्षेत्र में घूमकर और लोगों से मिलकर तथ्य एकत्रित किए। अपनी रिपोर्ट में समिति ने कहा कि सरकारी लापरवाही और अवहेलना के फलस्वरूप ही महामारी फैली। उसने इसकी रोकथाम के लिए भी कोई कारगर उपाय नहीं किए। जबकि कांग्रेस के नेताओं व कार्यकर्ताओं ने अपनी जान खतरे में डालकर अथक परिश्रम किया और इस महामारी का उन्मूलन उसी का परिणाम है। इससे सरकार की रही-सही पोल भी खुल गई।

विधानसभाओं के चुनाव

कांग्रेस ने सन् 1935 के अधिनियम के अनुसार विधानसभाओं के चुनाव लड़ने का फैसला किया। इसके लिए एक संसदीय उपसमिति का गठन किया गया। वल्लभभाई इस उपसमिति के अध्यक्ष बनाए गए। इसके दो अन्य सदस्य थे मौलाना अबुल कलाम आजाद और डॉ. राजेंद्र प्रसाद। आगामी चुनावों के लिए उम्मीदवारों का चयन करने की जिम्मेदारी सरदार पटेल को सौंपी गई थी। अपना उत्तरदायित्व संपन्न करने के लिए सरदार पटेल ने कुछ मापदंड निर्धारित किए और उनके अनुरूप ही उम्मीदवारों का चयन किया। इस निर्णय को उन्होंने निजी पसंद-नापसंद से दूर रखा। कई लोग, जो स्वयं को वल्लभभाई का चहेता समझते थे, उनकी इस नियम-निष्ठता को समझ नहीं पाए और रुष्ट हो गए।

कुछ ने हिटलर तक कहकर उनकी आलोचना की। पर वल्लभभाई ने इसकी परवाह न करते हुए विनम्रतापूर्वक आलोचकों को केवल इतना उत्तर दिया कि निर्धारित मापदंड के अनुसार जिनमें पात्रता थी, उन्हीं को उम्मीदवार बनाया गया है।

भारत के लिए यह एक प्रकार से लोकतंत्र के मार्ग पर आगे बढ़ने की पहली सीढ़ी थी। दूरदर्शी वल्लभभाई को इसमें तनिक संदेह न था कि उनका प्यारा देश शीघ्र ही स्वाधीन होगा और लोकतंत्र की ही स्थापना की जाएगी। अत: उम्मीदवारों के चयन का कार्य संपन्न हो जाने के बाद उन्होंने जगह-जगह जाकर लोगों को वोट देने का महत्त्व समझाना शुरू किया। यद्यपि उन दिनों उनका स्वास्थ्य अच्छा न था, पर उन्होंने इसकी चिंता किए बिना अपने कर्तव्य का पालन किया।

कांग्रेस को सफलता

केंद्रीय विधानसभा में कांग्रेस ने बहुमत प्राप्त किया। फरवरी 1937 में हुए प्रांतों के चुनावों के परिणाम भी अधिकांशत: उसके पक्ष में गए। उसे पाँच प्रांतों मद्रास, बिहार, मध्य प्रांत, संयुक्त प्रांत और उड़ीसा में स्पष्ट बहुमत मिला। उत्तर-पश्चिम सीमा प्रांत, बंबई, बंगाल और असम में कांग्रेस पिछड़ी।

चुनाव हो जाने के बाद एक महत्त्वपूर्ण प्रश्न यह उठा कि क्या कांग्रेस के निर्वाचित सदस्यों को विधानमंडलों में मंत्री बनना चाहिए या नहीं? सरदार पटेल को इसमें कोई बाधा नजर नहीं आई। उन्होंने इस बात की पुरजोर वकालत की कि पार्टी को यह जिम्मेदारी सँभालने से हिचकना नहीं चाहिए। आखिर विधानमंडलों में मंत्री पद ग्रहण करके वे कुछ तो देश के हित में निर्णय लेंगे। इसके अलावा कल जब देश स्वाधीन होगा तब इन्हीं लोगों को सत्ता की बागडोर सँभालनी है, तब यह अनुभव बहुत काम आएगा। पंडित मदन मोहन मालवीय ने इसका विरोध किया। मतभेद काफी तीखा था। बापू को हालाँकि सरदार पटेल के तर्क में दम नजर आ रहा था, पर स्थिति को भाँपते हुए उन्होंने कोई दो-टूक निर्णय नहीं लिया। तय यह हुआ कि इस मामले को कांग्रेस महासमिति की बैठक में रखा जाए और उसका निर्णय सभी को मान्य हो। दिल्ली में जब महासमिति की बैठक हुई तो वल्लभभाई ने एक बार फिर अपने पहलेवाले तर्क पेश करते हुए अपना पक्ष प्रस्तुत किया। महासमिति ने सरदार के प्रस्ताव को स्वीकृति प्रदान की और देश के आठ प्रांतों में कांग्रेस के मंत्रिमंडल बने।

नरीमन का अनुचित व्यवहार

चुनाव के दौरान एक ऐसी अप्रिय घटना घटी जिसका उल्लेख करना अप्रासंगिक न होगा। इसकी शुरुआत केंद्रीय विधानसभा के चुनाव के समय घटी एक घटना से हुई। ये चुनाव विधानसभाओं के चुनाव से पहले हुए थे। बंबई से चुनाव लड़ने के लिए कांग्रेस ने दो उम्मीदवारों का चयन किया था। इनमें एक के.एफ. नरीमन थे, जो उस समय बंबई कांग्रेस समिति के अध्यक्ष थे; दूसरे उम्मीदवार डॉ. देशमुख थे। मैदान में एक और उम्मीदवार सर कावसजी जहाँगीर भी थे। नरीमन किन्हीं कारणों से सर कावसजी की तरफदारी कर रहे थे। उन्होंने यहाँ तक कह डाला कि कांग्रेस एक ही सीट पर चुनाव लड़े तो बेहतर होगा। उनके ऐसे बयान पर सबको हैरानी हुई। जब नामांकन पत्र भरने का मौका आया तो नरीमन ने तो अपना नामांकन भरने में भी आनाकानी करनी शुरू कर दी। यह पार्टी आला कमान के आदेश की अवहेलना और खुली अनुशासनहीनता थी। वल्लभभाई तब केंद्रीय संसदीय बोर्ड के अध्यक्ष थे। इस नाते नीति संबंधी निर्णय लेने का अधिकार उन्हें था। सरदार को नरीमन का यह व्यवहार बहुत अनुचित और पार्टी-विरोधी प्रतीत हुआ। सारी समस्या पर विचार-विमर्श हुआ तो पार्टी ने निर्णय लिया कि नरीमन की उम्मीदवारी रद्द करके उनके स्थान पर कन्हैयालाल मुंशी को उम्मीदवार बनाया जाए।

पार्टी के इस निर्णय से खिन्न नरीमन ने बंबई चुनाव के दौरान भीतरघात किया, जिसके फलस्वरूप कन्हैयालाल मुंशी थोड़े अंतर से चुनाव हार गए।

केंद्रीय विधानसभा के बाद प्रांतीय विधानसभाओं के चुनाव हुए। इसमें बंबई से नरीमन जीतकर आए तो उन्हें पूरी उम्मीद थी कि विधानसभा में कांग्रेस पार्टी के नेता वही बनाए जाएँगे। लेकिन पिछले चुनावों में नरीमन की पार्टी-विरोधी हरकत को सरदार पटेल भूले न थे। पार्टी के शेष नेता भी नरीमन की भूमिका से नाराज थे। अत: उनके स्थान पर बाला साहब खेर को पार्टी का नेता चुना गया।

यह कोई बहुत बड़ा मामला न था। नरीमन चुपचाप उसे अपने किए की सजा मानकर सह लेते तो शायद समय के साथ सबकुछ शांत हो जाता; लेकिन वह वह कुछ ज्यादा ही उत्तेजित हो गए। इसे अपना घोर अपमान समझकर उन्होंने अपनी गलती महसूस करने के बजाय इसे अल्पसंख्यकों (पारसियों) के विरुद्ध पक्षपात का मुद्दा बना डाला। नरीमन ने पारसी स्वामित्व वाले बंबई के कुछ

समाचार-पत्रों को भड़काया। उन अखबारों ने उनके मामले को नरीमन के साथ बरता गया भेदभाव बताया। 'बांबे समाचार' और 'सेंटिनल' ने लिखा कि सरदार पटेल ने विधायकों पर अपने प्रभाव का प्रयोग करते हुए नरीमन के स्थान पर बाला साहब को नेता चुनने को कहा।

इसके साथ ही नरीमन ने पंडित जवाहरलाल नेहरू से लिखित शिकायत की। नेहरूजी तब कांग्रेस अध्यक्ष थे। उन्होंने जवाब में लिखा कि वह इस मामले में खुद हस्तक्षेप न करके सारे प्रकरण को कार्य समिति के विचारार्थ प्रस्तुत कर सकते हैं। पर नरीमन इससे संतुष्ट न हुए। उन्होंने जवाब में कहा कि कार्यसमिति का निर्णय निष्पक्ष होगा, इसमें मुझे संदेह है। नेहरूजी को ऐसे जवाब की उम्मीद न थी। उन्होंने इसका करारा जवाब देते हुए लिखा कि क्योंकि आपको कार्यसमिति में विश्वास नहीं, इसलिए आप चाहें तो इस प्रकरण को लेकर लीग ऑफ नेशंस, प्रिवी काउंसिल या और किसी भी उच्च पंचाट में जा सकते हैं। अब नरीमन के पास एक ही रास्ता बचा था, वह गांधीजी की शरण में गए। बापू सारी स्थिति से परिचित थे, फिर भी उन्होंने नरीमन की बात पर पूरा ध्यान दिया और उसके बाद सुझाव दिया कि अगर नरीमन को मंजूर हो तो वह स्वयं और डी.एन. बहादुरजी मध्यस्थता करने को तैयार हैं। वकील बहादुरजी पारसी थे और नरीमन के मित्र भी। बापू की निष्पक्षता में तो कोई संदेह की गुंजाइश थी नहीं। इसलिए नरीमन राजी हो गए। लेकिन सारे मामले की जाँच करने पर जब निर्णायकों ने अपना निर्णय सुनाया तो नरीमन अवाक् रह गए। पहले तो उन्होंने इस निर्णय को स्वीकार कर लिया, लेकिन बाद में यह कहकर मुकर गए कि उस समय मेरी मानसिक स्थिति ठीक न थी।

गांधीजी अत्यंत उदार हृदय थे। लेकिन उनके जैसा संत भी इसे सहन न कर सका। उन्होंने कांग्रेस अध्यक्ष जवाहरलाल को लिखा कि नरीमन के व्यवहार से जाहिर है कि वह किसी भी जिम्मेदारी के पद के लायक नहीं हैं। नेहरूजी ने पंच-निर्णय और सारा प्रकरण कांग्रेस कार्यसमिति के समक्ष प्रस्तुत किया। समिति ने इसकी समीक्षा करने के बाद कहा कि इस निर्णय और नरीमन के व्यवहार से स्पष्ट हो जाता है कि वह किसी भी उत्तरदायित्व या विश्वास वाले पद के लिए सर्वथा अयोग्य है। इसके साथ ही कार्यसमिति ने एक प्रस्ताव पारित करके उनको पार्टी से निष्कासित कर दिया।

त्रिपुरा अधिवेशन

सन् 1939 में कांग्रेस का अधिवेशन त्रिपुरा में होना निश्चित हुआ था। इसके अध्यक्ष पद के लिए मौलाना आजाद का नाम प्रस्तावित किया गया। इधर अनेक प्रांतों की कांग्रेस समितियों ने नेताजी सुभाषचंद्र बोस का नाम प्रस्तावित किया था। सुभाषचंद्र बोस इससे पहले हरिपुरा में हुए कांग्रेस अधिवेशन के अध्यक्ष थे। उस समय उन्हें जो अभूतपूर्व स्वागत-सम्मान मिला था, उससे उनकी लोकप्रियता का अनुमान सहज ही लगाया जा सकता था। मौलाना आजाद मँजे हुए नेता थे। उन्होंने स्थिति की नजाकत को समझा और स्वास्थ्य ठीक न होने का बहाना करके अध्यक्ष का चुनाव न लड़ने का फैसला सुना दिया। इसके साथ ही उन्होंने अपने स्थान पर डॉ. पट्टाभि सीतारमैया का नाम भी सुझाया, जो गांधीजी के प्रेम-पात्रों में से थे। गांधीजी को यह नाम स्वीकार्य था। सरदार पटेल, राजेंद्र प्रसाद, जैरामदास दौलतराम, आचार्य कृपलानी, जमनालाल बजाज, शंकरराव देव और मूलाभाई की सात सदस्यीय कार्यकारिणी ने भी इसका अनुमोदन किया। इतना ही नहीं, कार्यसमिति के कई सदस्यों ने सुभाष बाबू से अनुरोध किया कि वह अध्यक्ष का चुनाव न लड़ें। स्वयं गांधीजी और जवाहरलाल नेहरू ने नेताजी से अपना नाम वापस लेने का आग्रह किया; पर सुभाष माने नहीं।

यहाँ यह स्पष्ट कर देना आवश्यक होगा कि सुभाषचंद्र बोस जैसे प्रखर देशभक्त को किसी पद की लालसा नहीं हो सकती थी। बात किसी आसन पर बैठने की नहीं थी। दूसरे महायुद्ध के लिए माहौल पूरी तरह गरम हो चुका था। नेताजी चाहते थे कि ऐसे अवसर का पूरा लाभ उठाया जाए। कांग्रेस जरा भी ढिलाई न बरते और अंग्रेजों को छह महीने के अंदर देश से चले जाने का नोटिस दिया जाए। ऐसे अवसर पर वह नहीं चाहते थे कि सीतारमैया जैसा कोई व्यक्ति पार्टी का अध्यक्ष बने, जिससे इतने जुझारू होने की आशा कदापि न थी। उन दिनों कांग्रेस की बागडोर सँभालने का अर्थ था देश की बागडोर सँभालना; क्योंकि सारा देश कांग्रेस के दिशा-निर्देश के अनुसार चलने को कटिबद्ध था। अतः प्रश्न देश के भाग्य-निर्णय का था, किसी पद का नहीं और जब सवाल देश के भाग्य का हो, सुभाषचंद्र बोस समझौता करनेवालों में न थे।

अब चुनाव टल नहीं सकता था। मुकाबला हुआ तो सुभाषचंद्र बोस जीत गए। गांधीजी सीतारमैया के हारने पर इतने दुखी हुए कि उन्होंने इसे अपनी हार बताया। सुभाषचंद्र बोस के सामने अगर अपने आदर्श थे तो वल्लभभाई पटेल

के सामने अपने। उन्होंने सुभाषचंद्र बोस की उम्मीदवारी को पार्टी अनुशासन का उल्लंघन माना और उसका खुला विरोध किया। नेताजी का साथ देनेवाले और उनके अनुयायियों की न तो पार्टी में कोई कमी थी, न पार्टी से बाहर। पटेल ने उन सबकी नाराजगी की परवाह नहीं की और अपनी नियम-निष्ठा पर अटल रहे।

दुःखद मतभेद

इसके बाद की घटनाएँ कांग्रेस के इतिहास में दुर्भाग्यपूर्ण ही कही जाएँगी। कांग्रेस अध्यक्ष की उम्मीदवारी को लेकर जो मतभेद उभरे थे वे शांत नहीं हुए। कार्यसमिति ने एक राजनीतिक चाल चली। उसने एक प्रस्ताव पारित करके अध्यक्ष पर दबाव डालने की कोशिश की कि कार्यसमिति के सदस्यों का चुनाव गांधीजी की सलाह से ही होना चाहिए। सुभाष बाबू इसका अर्थ समझते थे। उन्होंने कार्यसमिति के इस प्रस्ताव को मानने से इनकार कर दिया। इससे मतभेद और बढ़ गए। उन दिनों सुभाषचंद्र बोस का स्वास्थ्य भी बहुत खराब चल रहा था। इस सारे कांड और तीखे मतभेद के तनाव ने उन्हें और भी परेशान कर दिया। अंततः खिन्न होकर उन्होंने अपने पद से त्यागपत्र दे दिया। इसके बाद डॉ. राजेंद्र प्रसाद को पार्टी अध्यक्ष चुना गया। सबसे ज्यादा दुर्भाग्यपूर्ण बात यह हुई कि कांग्रेस ने अनुशासन भंग करने के आरोप में नेताजी को तीन साल के लिए पार्टी से निष्कासित कर दिया। इसे पार्टी और देश का दुर्भाग्य ही कहा जाएगा कि जिस संवेदनशील समय में पार्टी को उनकी सबसे ज्यादा जरूरत थी उसने खुद सुभाष जैसे नेता को खो दिया। बापू, जो अत्यंत उदार हृदय थे, इस मामले में उन्होंने भी कुछ कृपणता ही बरती। इस सारे कांड में सरदार पटेल अपनी अनुशासनप्रियता के कारण सुभाष के विरुद्ध रहे। जैसा कि स्वाभाविक ही था, सारे मामले में उन्हीं को प्रमुख रूप से दोषी भी माना गया। पर उनकी एक आदत थी कि हर स्थिति का निर्णय परिणाम की चिंता किए बिना अपने विवेक के आधार पर करते थे।

□

14

द्वितीय विश्व युद्ध और भारत

जो व्यक्ति सुख और दुःख को समान रूप से प्रसन्नता से गले लगाता है, वह जीवन में सर्वोच्च सुख पाता है।

—सरदार पटेल

सन् 1939 में जब जर्मनी ने हिटलर के नेतृत्व में यूरोप के छोटे-छोटे देशों पर हमला करके उन पर अधिकार करना शुरू कर दिया तो सारे विश्व में इसकी तीव्र प्रतिक्रिया हुई। जब नाजी सेनाएँ पोलैंड को रौंदने के बाद आगे बढ़ने लगीं तो जर्मन साम्राज्यवाद के विस्तार को रोकना एक अंतरराष्ट्रीय अनिवार्यता बन गया। ब्रिटेन और उसके साथी मित्र देशों ने जर्मनी के विरुद्ध युद्ध की घोषणा कर दी और दूसरा विश्व युद्ध आरंभ हो गया।

कहने की आवश्यकता नहीं कि ऐसी स्थिति में ब्रिटेन को भारत की सहायता की बहुत आवश्यकता थी। लिहाजा 4 सितंबर को वाइसराय ने ऐलान कर दिया कि भारत भी युद्ध में शामिल हो गया है। निरंकुश स्वभाव के वाइसराय ने इसके लिए न तो कांग्रेस पार्टी से परामर्श करना जरूरी समझा, न मंत्रिमंडलों से। उन्हें आशंका थी कि अगर उन्होंने कोई विवाद खड़ा कर दिया तो घोषणा में देरी हो सकती है और युद्धकाल में विलंब अत्यंत घातक सिद्ध हो सकता था।

मतभेद

अब कांग्रेस के सामने एक जटिल प्रश्न था—युद्ध में ब्रिटिश सरकार को समर्थन देने का। इसके लिए यह आवश्यक था कि युद्ध के उद्देश्य स्पष्ट

हों, ताकि उनके आधार पर निर्णय लिया जा सके। सरकार से पूछे जाने पर जब उसने कोई स्पष्ट उत्तर नहीं दिया तो मंत्रिमंडलों ने विरोध-स्वरूप त्यागपत्र दे दिए। सरदार पटेल ने कहा कि जब तक अंग्रेज हुकूमत भारत को पूर्ण स्वायत्तता देने का वचन नहीं देती, भारत युद्ध में भाग नहीं लेगा। उनका दृष्टिकोण नितांत व्यावहारिक था। इस वक्त अंग्रेजों को गरज थी। भारतीय जवानों की गणना विश्व के सर्वश्रेष्ठ सैनिकों में की जाती थी। महायुद्ध में शामिल होने के बाद उन्होंने वीरता के जो जौहर विभिन्न मोर्चों पर दिखाए, उनसे यह सिद्ध भी हो गया। भारत की विशाल व जांबाज सेना के बिना अंग्रेजों का महायुद्ध जीतना कदाचित् असंभव ही होता। इसलिए यही अवसर था कि कांग्रेस ब्रिटिश शासन से अपनी माँगें मनवा लेती।

महात्मा गांधी पटेल की राय से सहमत न हुए। उन्होंने तर्क दिया कि इस संकट की घड़ी में भारत को बिना शर्त युद्ध में ब्रिटेन का साथ देना चाहिए। जवाब में वल्लभभाई ने कहा कि युद्ध में साथ देने के लिए पूर्ण स्वायत्तता की माँग रखने से अहिंसा के सिद्धांत का किसी भी तरह उल्लंघन नहीं होता। वह बापू के अनन्य अनुयायी थे। राजाजी राजगोपालाचारी ने कभी उनके बारे में कहा था कि गांधीजी के बहुत से अंधभक्त हैं; लेकिन पटेल उनके ऐसे विलक्षण भक्तों में से हैं, जिनके विशाल नेत्र हैं जिनसे वह सबकुछ स्पष्ट देखने की क्षमता रखते हैं। पर फिर भी वह कई बार वास्तविकता से आँखें मूँदकर गांधीजी का अंधानुकरण करते हैं।

इधर अंग्रेज हुकूमत ने कहा कि भारत को पूर्ण स्वायत्तता देने के प्रश्न पर सहानुभूतिपूर्वक विचार किया जा सकता है। 16 अक्तूबर को वाइसराय ने कहा कि ब्रिटेन भारत को औपनिवेशिक स्वायत्तता देने के हक में है, लेकिन ऐसे सभी मामलों पर विचार युद्ध के बाद ही किया जा सकता है।

सरदार पटेल ने अंग्रेजों की इस चाल को समझते हुए उन्हें करारा जवाब दिया कि युद्ध का परिणाम क्या होगा, यह कौन जानता है? अगर महायुद्ध के बाद भारत-भूमि पर किसी और देश का कब्जा होता है तो फिर अंग्रेज अपना वादा कैसे पूरा करेंगे। अगर कुछ देना है तो उन्हें आज ही देना चाहिए।

महात्मा गांधी के लिए उन्होंने कहा कि मुझे पूर्ण स्वायत्तता की अपनी माँग में किसी तरह की कोई खामी नजर नहीं आती। फिर भी, अगर बापू मेरे

आग्रह के बावजूद इससे सहमत नहीं होते मैं इसे भी भूलकर उनका हर आदेश मानने को तैयार हूँ।

परिस्थितियाँ कुछ ऐसा रुख अख्तियार कर रही थीं कि जापान का पलड़ा भारी लग रहा था। नेताजी सुभाषचंद्र बोस भी जापानियों के करीब थे और बाद में वह आजाद हिंद फौज बनाकर जापानी सेनाओं के कंधे से कंधा मिलाकर लड़ेगी। पटेल इस दृष्टिकोण से भी सहमत न थे। उन्होंने एक आम सभा में अपना मंतव्य स्पष्ट करते हुए कहा कि हालाँकि जापान निरंतर इस बात को दोहरा रहा है कि उसका उद्देश्य भारत की एक इंच भूमि पर भी अधिकार जमाने का नहीं है। उसका एकमात्र उद्देश्य अंग्रेजों को भारत से खदेड़ना है। लेकिन हमें अपनी लड़ाई खुद लड़नी चाहिए। किसी विदेशी शक्ति के सहयोग की आशा रखना व्यर्थ है। जापानियों के भारत भूमि पर कदम रखने पर खुश होना भी गुलामी की ही मनोवृत्ति कही जाएगी। स्वाधीन भारत का अर्थ केवल यही हो सकता है कि हम भारत को अंग्रेजों की दासता से मुक्त कराएँ और उसके स्थान पर किसी अन्य देश को न आने दें।

वल्लभभाई इस बात को अच्छी तरह समझते थे कि अंग्रेज फिलहाल हर समस्या को किसी-न-किसी बहाने टालना चाहते हैं। वे चाहते हैं कि युद्ध में भारत से पूरा सहयोग उन्हें मिले। इसके लिए जो मधुर आश्वासन देने पड़े, दिए जा सकते हैं। युद्ध समाप्त हो जाने के बाद जो होगा, देखा जाएगा।

सन् 1940 में महात्मा गांधी और मौलाना अबुल कलाम आजाद के साथ सरदार पटेल।

मार्च 1942 में ब्रिटिश हुकूमत ने भारत में क्रिप्स मिशन भेजा। 23 मार्च को क्रिप्स भारत आए और उन्होंने गांधी, नेहरू, सरदार पटेल, मौलाना अबुल कलाम आजाद और मुहम्मद अली जिन्ना से

भेंट करके अपने प्रस्ताव उनके सामने रखे। प्रस्ताव क्या थे, देश में फूट डालने और उसके टुकड़े-टुकड़े करने की साजिश थी। उन प्रस्तावों को देश के लिए विष बताते हुए सभी राजनीतिक दलों ने उन्हें अस्वीकार कर दिया। गांधीजी ने उन प्रस्तावों को एक दिवालिया होने जा रहे बैंक का अगली तारीख का चेक बताया और क्रिप्स से पूछा कि भारत के मित्र होते हुए भी आप ऐसे प्रस्ताव कैसे प्रस्तुत कर पाए?

भारत छोड़ो आंदोलन

क्रिप्स मिशन की असफलता के साथ ही देश में आजादी के लिए बढ़ती बेचैनी को समझकर गांधीजी ने फिर से आंदोलन तेज करने की योजना बनाई। 8 अगस्त, 1942 की रात को बंबई में हुए कांग्रेस अधिवेशन में 'अंग्रेजों भारत छोड़ो' का प्रस्ताव पारित किया गया। अंग्रेजी सरकार ने 9 अगस्त को तड़के 4 बजे ही गांधी, नेहरू, पटेल, मौलाना आजाद सहित कांग्रेस के सभी बड़े नेताओं को बंदी बना लिया।

दूरदर्शी वल्लभभाई ने पहले ही अनुमान लगा लिया था कि सभी नेताओं को बंदी बनाया जाएगा। 'अंग्रेजो भारत छोड़ो' का प्रस्ताव पास होने से पहले ही उन्होंने अपने खराब स्वास्थ्य की चिंता न करते हुए देश के विभिन्न भागों का दौरा करके जनता को आगाह कर दिया था कि आनेवाले समय में उसे स्वयं ही आंदोलन चलाना है। इसके साथ ही उन्होंने यह भी कहा था कि वीर सैनिकों की तरह लाठी-गोली का सामना करें, पर अपने अहिंसा के सिद्धांत पर अटल रहें। जैसा कि नितांत स्वाभाविक था, अपने नेताओं की व्यापक गिरफ्तारी के बाद जन-आक्रोश भड़क उठा। जनता को संयमित रखने और निरंतर अहिंसा की सीख देने वाले नेता तो जेल में बंद थे। अत: आंदोलन में अहिंसा भी हुई, हिंसा भी। लोगों ने रेल की पटरियाँ उखाड़ दीं और सरकारी कर्मियों पर भी हमले किए। हुकूमत ने बड़ी बर्बरता से आंदोलन का दमन किया। कुछ स्थानों पर पुलिस के साथ सेना को भी बुलाया गया। निहत्थे लोगों पर गोलियाँ चलीं, अमानुषिक अत्याचार हुए। पर लोग गांधीजी के 'करो या मरो' के आह्वान और सरदार पटेल के इस उपदेश से प्रेरित होकर कि जो कोई पैदा होता है, उसे एक-न-एक दिन अवश्य मरना है, अत: कायर की मौत मरने के बजाय वीर की मौत मरना श्रेयस्कर है—से

प्रेरित होकर अपनी पूरी ताकत आंदोलन में झोंक रहे थे।

सरदार पटेल को अहमदनगर के किले में बंदी बनाकर रखा गया था। यहाँ उनका स्वास्थ्य निरंतर गिर रहा था। हालाँकि मौलाना आजाद और पंडित नेहरू भी उसी किले में बंदी थे, पर सबको अलग-अलग कमरों में रखा गया था। सुचेता कृपलानी अभी गिरफ्तार नहीं हुई थीं। वह लगातार सरदार पटेल के लिए जेल में दवा भेजती रहीं।

सरकार ने आंदोलन के दौरान हिंसा भड़काने का दोष गांधीजी के मत्थे मढ़ने की कोशिश की तो उन्होंने इसके विरोध-स्वरूप 21 दिन का उपवास रखा। इस बीच उनके निजी सचिव महादेव भाई का भी जेल में निधन हो गया। बाहर यह अफवाह जंगल की आग की तरह फैल गई कि जेल में राजनीतिक बंदियों पर अमानुषिक अत्याचार हो रहे हैं, इसी कारण महादेव भाई का देहांत हुआ है। जन-आक्रोश भड़का तथा आंदोलन और भी उग्र हो गया।

शिमला सम्मेलन

उपवास के कारण गांधीजी का स्वास्थ्य निरंतर गिर रहा था। सरकार ने महादेव देसाई के निधन की प्रतिक्रिया देखी थी। उसने बापू को कारागार में और अधिक रखना उचित नहीं समझा और 6 मई, 1945 को उन्हें रिहा कर दिया। वल्लभभाई अभी भी बंदी थे। लॉर्ड लिलिथगो के स्थान पर लॉर्ड वेवेल वाइसराय बनकर आए तो उनका रवैया भारत के प्रति काफी नरम था। असल में मई 1945 में मित्र राष्ट्रों की जीत के साथ विश्व युद्ध समाप्त हो

पं. नेहरू के साथ सरदार पटेल।

गया था, लेकिन उसने ब्रिटेन की हालत इतनी जर्जर कर थी कि भारत जैसे बड़े उपनिवेश को अपने कब्जे में रखना उसके लिए संभव न था। विशेष रूप से उन स्थितियों में जब स्वाधीनता आंदोलन अपने चरम पर था। लिहाजा नए वाइसराय ने 25 जून, 1945 को शिमला में सभी राजनीतिक दलों के 21 नेताओं की बैठक बुलाने का फैसला किया। इस निर्णय के साथ ही सभी राजनीतिक नेता रिहा कर दिए गए। सरदार पटेल भी शिमला गए, लेकिन उन्होंने उस सम्मेलन में भाग नहीं लिया।

शिमला में सम्मेलन चार दिन चला। इसमें मुख्य समस्या हिंदू-मुसलमानों के प्रतिनिधित्व की थी। हालाँकि देश में मुसलमानों की संख्या हिंदुओं से काफी कम थी, फिर भी वाइसराय ने यह प्रस्ताव रखा कि कार्यकारिणी में दोनों संप्रदायों को बराबर का प्रतिनिधित्व दिया जाए। देखा जाए तो प्रतिनिधित्व जनसंख्या के अनुपात के आधार पर होना चाहिए। लेकिन इसके बावजूद कांग्रेस यह प्रस्ताव स्वीकार करने को राजी हो गई। पर विवाद फिर भी कायम रहा। समस्या यह हुई कि मुहम्मद अली जिन्ना अपनी पार्टी मुसलिम लीग को ही देश के सारे प्रतिनिधियों का नुमाइंदा मानते थे। वह इस पर राजी न हुए कि लीग से बाहर के किसी मुसलमान को भी प्रतिनिधि बनाया जा सकता है।

असल में गांधीजी ने शिमला सम्मेलन से पहले भी जिन्ना से मिलकर समझौते का कोई रास्ता निकालने की कोशिश की थी, पर जिन्ना के अड़ियल रवैए के कारण यह कोशिश बेकार गई। जब कांग्रेस के सारे नेता जेल में थे, जिन्ना ने मुसलिम लीग का संगठन मजबूत बनाने का अथक प्रयास किया था। उनकी पार्टी की स्थिति पहले से कहीं बेहतर हो गई थी। अंग्रेज भी यही चाहते थे कि भारतीयों में जाति और धर्म के आधार पर फूट जितनी बढ़ाई जा सके, बढ़े। एक तरफ तो वे सांप्रदायिकता को बढ़ावा देते थे और दूसरी तरफ कांग्रेस से कहते थे कि मुसलिम लीग से अपनी समस्याओं का समाधान करो, फिर आपकी माँगों पर पूरी सहानुभूति से विचार किया जाएगा।

कई राजनीतिक इतिहासकारों का यह मत है कि जिन्ना संप्रदायवादी नहीं थे। उनके जैसा प्रखर बुद्धिजीवी ऐसे संकीर्ण विचारोंवाला हो ही नहीं सकता। कट्टरपंथ और सांप्रदायिकता उनकी राजनीतिक मजबूरी थी। मुसलमानों में अधिसंख्य सांप्रदायिक विचार रखते थे। उनकी भावनाओं को उकसाकर

जिन्ना भारत से अलग पाकिस्तान बनाने और उसका कायदे-आजम बनने की अपनी महत्त्वाकांक्षा पूरी करना चाहते थे।

जो हो, मुहम्मद अली जिन्ना की हठधर्मिता के चलते शिमला वार्ता विफल हो गई। ब्रिटेन में 26 जुलाई,1945 को लेबर पार्टी सत्ता में आई। इसके साथ ही नए प्रधानमंत्री एटली ने भारत के संबंध में जो घोषणाएँ कीं, वे निश्चित ही सकारात्मक थीं। उन्होंने कहा कि भारत में प्रांतीय व केंद्रीय धारा सभाओं के चुनाव कराए जाएँगे। वाइसराय की काउंसिल का पुनर्गठन प्रमुख भारतीय राजनीतिक दलों से परामर्श करके किया जाएगा और भारत के भावी संविधान के लिए शीघ्र ही एक संविधान सभा का गठन किया जाएगा।

देश भर में इन घोषणाओं का स्वागत किया गया। पहली बार यह महसूस किया गया कि ब्रिटिश सरकार सचमुच भारत के प्रति सहानुभूति का रवैया रखती है। चुनाव की तैयारियाँ शुरू हो गईं। कांग्रेस और मुसलिम लीग दोनों पार्टियों ने अपने चुनाव अभियान आरंभ कर दिए।

कांग्रेस की शानदार विजय

सरदार पटेल संसदीय समिति के अध्यक्ष थे। अत: पार्टी के लिए उम्मीदवारों के चयन और चुनाव अभियान के संचालन का उत्तरदायित्व उन पर ही था। मुसलिम लीग के कांग्रेस के विरुद्ध घोर दुष्प्रचार के बावजूद पटेल की संगठन प्रतिभा के फलस्वरूप उसे शानदार सफलता मिली। केंद्रीय धारा सभा में कांग्रेस को 91 प्रतिशत सीटें मिलीं। आठ प्रांतों में भी उसे स्पष्ट बहुमत प्राप्त हुआ।

अंतरिम सरकार

चुनाव के बाद केंद्र में अंतरिम सरकार के गठन का समय आया। मुसलिम लीग ने अपने सभी मुसलमान सदस्यों को मनोनीत करने की माँग रखी, जो कांग्रेस को मंजूर नहीं थी। जिन्ना ने यह सोचकर चाल चली थी कि कांग्रेस को यह माँग मंजूर नहीं होगी तो वाइसराय उसके इनकार करने पर मुसलिम लीग को सरकार बनाने के लिए आमंत्रित करेंगे। चूँकि ऐसा करना व्यावहारिक न था, वाइसराय ने लीग को आमंत्रित नहीं किया। जिन्ना आपे से बाहर हो गए

और उन्होंने ऐलान किया कि संवैधानिक तरीके असफल हो चुके हैं और अब मुसलिम लीग को 'सीधी काररवाई' का रास्ता अपनाना पड़ेगा।

16 अगस्त, 1946 को मुसलिम लीग ने 'सीधी काररवाई दिवस' मनाया। इसका अर्थ था हिंसा, लूटपाट, दंगे-फसाद। सारे देश में भयंकर सांप्रदायिक तनाव फैल गया। सबसे खराब हालात बंगाल में थे, जहाँ सुहरावर्दी की सरकार थी। वहाँ लगातार चार दिनों तक हिंदुओं के विरुद्ध हिंसा का तांडव चला। देश के अन्य भागों में इसकी प्रतिक्रिया हुई और अनेक प्रांतों में दंगे भड़क उठे।

वाइसराय ने हालात बिगड़ते देखे तो इस जिम्मेदारी से पल्ला झाड़ने के लिए झटपट कांग्रेस अध्यक्ष जवाहरलाल नेहरू को अंतरिम सरकार बनाने के लिए आमंत्रित कर डाला। उन्होंने कहा कि यदि मुहम्मद अली जिन्ना सहयोग नहीं देते तो कांग्रेस अकेले ही सरकार बना सकती है। पंडित नेहरू को अंतरिम सरकार का प्रधानमंत्री और सरदार पटेल को गृहमंत्री चुना गया। नेहरूजी ने कांग्रेस अध्यक्ष के पद से इस्तीफा दे दिया और उनके स्थान पर आचार्य कृपलानी को कांग्रेस अध्यक्ष चुना गया।

हालाँकि कांग्रेस को मुसलिम लीग से सहयोग न मिलने पर अकेले ही सरकार बनाने का अधिकार वाइसराय ने दे दिया था, पर जवाहरलाल नेहरू ने लोकतांत्रिक मूल्यों का पालन करते हुए मुहम्मद अली जिन्ना से भेंट करके लीग को सरकार में शामिल होने की पेशकश की। जिन्ना ने मुसलिम लीग को गृह विभाग दिए जाने के साथ कुछ और शर्तें भी सरकार में शामिल होने के लिए उनके सामने रखीं। कांग्रेसी हलकों में जब लीग की शर्तों पर विचार-विमर्श हुआ तो सरदार पटेल ने उसे गृह विभाग देने का तीव्र विरोध किया। इस विरोध के पीछे ठोस कारण थे। जिन्ना चाहते थे कि मुसलिम लीग को गृह विभाग दे दिया जाए, जिसके नियंत्रण में देश की कानून-व्यवस्था की सारी मशीनरी होती है। सारा पुलिस बल व खुफिया विभाग आदि उनके नियंत्रण में आ जाने पर मुसलिम लीग के कट्टरपंथी नेता इस दंगे-फसाद के वातावरण में उसका कैसा दुरुपयोग करेंगे, इसे सरदार भली-भाँति समझते थे, इसलिए उन्होंने इस शर्त को मानने का पुरजोर विरोध किया।

अंततः जवाहरलाल नेहरू ने जिन्ना की शर्तों को अस्वीकार कर दिया। इस पर मुसलिम लीग ने ऐलान किया कि वह सरकार में शामिल नहीं होगी।

इधर देश में दंगे-फसाद और खून-खराबे का बाजार गरम रहा। कांग्रेस के साथ वार्त्ता टूट जाने के बाद जिन्ना ने दूसरा रास्ता पकड़ा। उन्होंने वाइसराय से बातचीत शुरू की और उन्हें संकेत किया कि मुसलिम लीग सरकार में शामिल होने के लिए राजी है। वाइसराय सहमत हो गए और 26 अक्तूबर, 1946 को मुसलिम लीग के पाँच सदस्य सरकार में शामिल हो गए। पर उनका उद्देश्य सरकार चलाने में सहयोग देने के बजाय उसके साथ भरसक असहयोग करना और उसके संचालन में हर तरह की विघ्न-बाधाएँ डालना ही था।

अंतरिम सरकार के भरसक प्रयत्नों के बावजूद सांप्रदायिक हिंसा रुकने का नाम नहीं ले रही थी। उधर ब्रिटिश प्रधानमंत्री एटली ने 20 फरवरी को एक बयान दिया, जिसका आशय यह था कि यदि कांग्रेस और लीग में समझौता नहीं होता तो भारत के विभाजन के सिवा दूसरा विकल्प न होगा। इसने जलती आग में घी काम काम किया। मुसलिम लीग, जो पहले ही पाकिस्तान बनाने के लिए हिंसा का रास्ता अपना रही थी, अब दोगुने उत्साह से दंगे भड़काने में जुट गई। देश के अनेक भागों में सांप्रदायिक दंगों की आग धधक रही थी। मुसलिम लीग ने विघटन और अलगाव के अलावा दूसरा कोई रास्ता न अपनाने की मानो कसम खा ली थी।

विभाजित भारत

24 मार्च, 1947 को लॉर्ड माउंटबेटन को भारत का वाइसराय बनाया गया। उनके आने के बाद भारत को स्वाधीन करने की प्रक्रिया और तेज हो गई। नेहरू और सरदार पटेल ने और कोई विकल्प न देखकर देश के विभाजन का प्रस्ताव स्वीकार कर लिया। कई राजनीतिक पर्यवेक्षक भारत विभाजन के लिए जिन्ना के साथ-साथ सरदार पटेल को भी उत्तरदायी मानते हैं। लेकिन वास्तविकता यह है कि जिन्ना ने ऐसी परिस्थितियाँ बना दी थीं जिनमें और कोई विकल्प नेहरू या पटेल के पास न था। वे भारत को स्वाधीन देखना चाहते थे और जब उन्हें लगा कि स्वाधीनता का मोल देश का विभाजन ही है तो उन्होंने विवश होकर उसे स्वीकार कर लिया। महात्मा गांधी भारत के विभाजन के सबसे अधिक विरुद्ध थे; पर विवश होकर उन्होंने भी मौन स्वीकृति दे दी।

स्वतंत्र भारत

ब्रिटिश हुकूमत ने 15 अगस्त को भारत छोड़ने की घोषणा कर दी, जो देश के इतिहास में एक सुनहरा सवेरा लेकर आई। लेकिन इसके निहितार्थ उतने सौभाग्यपूर्ण न थे। घोषणा में कहा गया था कि अंग्रेज 15 अगस्त को भारत व पाकिस्तान को स्वाधीन करते हुए यहाँ से चले जाएँगे। इसके साथ ही सभी देशी रियासतों पर से भी उनका शासन समाप्त हो जाएगा। यानी देश का विभाजन केवल भारत व पाकिस्तान के रूप में ही नहीं हो रहा था, इसके साथ ही उसकी देशी रिसायतों के रूप में 560 टुकड़े और हो जाएँगे। यह एक गंभीर चुनौती थी, जिसका सामना करना किसी सामान्य राजनीतिज्ञ के बूते की बात न थी।

15 अगस्त, 1947 को देश स्वाधीन हो गया। पंडित जवाहरलाल नेहरू उसके पहले प्रधानमंत्री बने और सरदार पटेल पहले उप-प्रधानमंत्री व गृहमंत्री। वैसे तो सैकड़ों साल से पराधीन रह चुके देश के सामने समस्याओं का कोई अंत न था, लेकिन तीन प्रमुख चुनौतियाँ थीं, जिन पर गृहमंत्री की हैसियत से सरदार पटेल को अविलंब ध्यान देना था। दंगों से ग्रस्त देश में कानून-व्यवस्था बहाल करना, देशी रियासतों की समस्या सुलझाना और शरणार्थियों का पुनर्वास उस समय की मुख्य चुनौतियाँ थीं।

मुसलिम-विरोधी नहीं

पाकिस्तान बन जाने के कारण पश्चिमी पंजाब से बड़े पैमाने पर हिंदू भारत आ रहे थे और मुसलमान भी भारी संख्या में भारत से पाकिस्तान जा रहे थे। उन मुसलमानों को पंजाब जाने के लिए अमृतसर होकर जाना पड़ता था, जहाँ सिख गिरोहबंद होकर उन पर घातक हमले कर रहे थे। सरदार पटेल ने इस नर-संहार को रोकने के लिए बल-प्रयोग करने के बजाय अपना अनोखा रास्ता अपनाया। जन नेता होने के नाते वह इस कला में माहिर जो थे। उन्होंने अमृतसर जाकर सिखों की एक विशाल जनसभा को संबोधित किया। इसमें उन्होंने सांप्रदायिक हिंसा पर उतारू सिखों को समझाया कि यदि आप आक्रोश में आकर पाकिस्तान जानेवाले मुसलमानों पर हमला करते हैं तो पाकिस्तान में भी उसकी ऐसी ही प्रतिक्रिया होगी। वहाँ भी भारत आनेवाले हिंदुओं और सिखों पर हमले होंगे। इन हमलों व निरीह हिंदू-सिखों की हत्या के लिए

एक प्रकार से आप लोग भी जिम्मेदार होंगे। लिहाजा समझदारी इसी में है कि दोनों तरफ से हिंसा रोकी जाए। जो काम बड़ी संख्या में सेना और पुलिस लगाकर भी शायद न हो पाता, वह सरदार की वाणी के जादुई प्रभाव ने कर दिखाया और वहाँ मुसलमानों पर हमले थम गए। जो लोग सरदार पटेल को हिंदूवादी या मुसलिम-विरोधी कहते हैं, उन्हें इस घटना से सीख लेनी चाहिए। सरदार दरअसल सांप्रदायिकता-विरोधी थे, जिसे गलती से किसी एक धर्म की तरफदारी या दूसरे की खिलाफत समझ लिया जाता था।

देश के अन्य भागों में भी उन्होंने सांप्रदायिक हिंसा को रोकने के लिए त्वरित कदम उठाए और यह उनकी कार्य-कुशलता पर निष्ठा का ही परिणाम था कि दंगों पर अंततः नियंत्रण पा लिया गया।

देश के शीर्ष नेताओं और गण्यमान्य जनों ने भी समय-समय पर इस बात को स्पष्ट किया कि सरदार को मुसलिम-विरोधी कहना अनुचित है। एक पत्रकार से बातचीत करते हुए गांधीजी ने कहा कि सरदार पटेल को समझने में भूल इसलिए होती है, क्योंकि हिंदू-मुसलिम समस्या को सुलझाने का उनका तरीका मुझसे और जवाहरलाल से अलग है। लेकिन उन्हें मुसलिम-विरोधी कहना सच्चाई को झुठलाना होगा। दरअसल सरदार के विशाल हृदय में हिंदू-मुसलिम दोनों समाए हुए हैं। वल्लभभाई को मुसलिम-विरोधी समझनेवालों को जवाब देते हुए प्यारेलालजी ने लिखा कि कई बार सरदार पटेल को मुसलमानों और पाकिस्तान के दुश्मन के तौर पर देखा जाता है। लेकिन इससे बड़ा अपराध और हो ही नहीं सकता। उन्होंने कहा कि सरदार ने ही यह फैसला किया था कि जिन मुसलमानों ने भारत को अपना घर मानकर यहीं रहने का निश्चय किया है, उनके साथ अच्छा व्यवहार किया जाना चाहिए और उन्हें न्याय मिलना चाहिए।

पूर्व प्रधानमंत्री मोरारजी देसाई लिखते हैं—''मुझे लगभग 20 वर्ष तक सरदार के नेतृत्व में कार्य करने का सौभाग्य मिला। अपने निजी अनुभव के आधार पर मैं दावे के साथ कह सकता हूँ कि सरदार एकमात्र व्यक्ति थे, जो सांप्रदायिक, जातिगत या धार्मिक पूर्वग्रह से मुक्त थे और सभी धर्मों तथा समुदायों के प्रति सद्भाव रखते थे।''

शरणार्थियों का पुनर्वास

एक ओर जहाँ सरदार पटेल को पाकिस्तान से लुट-पिटकर आए शरणार्थियों के क्रोध से और उनकी दुर्दशा से भड़के अन्य हिंदू-सिखों के क्रोध से मुसलमानों को बचाने की चिंता थी, वहाँ उनका हृदय शरणार्थियों की समस्या के कारण भी अत्यंत उद्विग्न रहता था। उन्होंने गृह मंत्रालय के स्तर पर तो हर संभव प्रयास किया ही, अन्य मंत्रालयों से भी उनके सहायतार्थ सहयोग देने का अनुरोध किया। उन्होंने तत्कालीन रक्षामंत्री सरदार बलदेव सिंह से विशेष अनुरोध किया कि वे शरणार्थियों के अस्थायी ठिकाने के लिए वेवेल कैंटीन दे दें, ताकि जब तक उनके पुनर्वास की कुछ व्यवस्था नहीं हो जाती, वे वहाँ रह सकें। प्रत्युत्तर में रक्षामंत्री ने कैंटीन के बजाय अकिनलेक विश्रामस्थल ही दे दिया, जो कहीं अधिक उपयुक्त था और जिसमें अधिक संख्या में लोग रह सकते थे।

इसके अतिरिक्त जब सरदार पटेल की जानकारी में आया कि सेना की कुछ बैरकें खाली पड़ी हैं तो उन्होंने एक बार फिर रक्षामंत्री से कहा कि ये बैरकें भी शरणार्थियों के रहने के लिए उपलब्ध करा दी जाएँ।

मानवतावादी उदारचेता वल्लभभाई को जितनी हिंदुओं की चिंता थी उतनी ही मुसलमानों की भी चिंता थी। वे सांप्रदायिक ताकतों के विरोधी थे और उनकी तीखी आलोचना करने से भी कभी हिचकते न थे। देश का विभाजन करनेवाली मुसलिम लीग की हर चाल का भी उन्होंने उतना ही विरोध किया जितना अंग्रेजों का। इस कट्टर सांप्रदायिक दल के विरोध को कुछ लोगों ने भ्रमवश और कुछ सरदार-विरोधियों ने जान-बूझकर उसे मुसलिम-विरोधी बताकर उनके विरुद्ध दुष्प्रचार किया। पर पटेल उन लोगों में से थे जो अपने सिद्धांतों से देश-हित से विमुख होकर सस्ती लोकप्रियता नहीं चाहते थे। असल में उनके कद का कोई भी राजनेता लोकप्रियता का मुहताज नहीं होता, न पटेल थे।

देशी रियासतें

देशी रियासतों की समस्या का बीज 20 फरवरी, 1947 को ब्रिटेन के प्रधानमंत्री की पार्लियामेंट में इस घोषणा ने डाला कि ब्रिटेन भारत को जून

1948 से पहले आजाद कर देगा और इसके साथ उसे उसकी देशी रियासतों के साथ भी जो संधियाँ हैं, वे समाप्त हो जाएँगी। युद्ध से जीर्ण-शीर्ण ब्रिटेन के लिए भारत जैसे विशाल उपनिवेश पर नियंत्रण बनाए रखना असंभव था। अत: स्वाधीनता की घोषणा उसकी विवशता थी। पर वह ऐसे अवसर पर भी अपनी कूट चालों से बाज आनेवालों में से न थे। आजादी देने पर वे भारत को खंड-खंड देखना चाहते थे, ताकि वह अखंड रहकर आनेवाले समय में कभी बड़ी ताकत न बन जाए। लिहाजा ब्रिटिश प्रधानमंत्री ने जानबूझकर ऐसी घोषणा की, जिसमें यह अर्थ प्रतिबिंबित हो कि देशी रियासतें भी भारत की स्वाधीनता के साथ ही स्वाधीन हो जाएँगी; फिर वे चाहे भारत के साथ रहें, पाकिस्तान के साथ रहें या पूर्णत: स्वाधीन रहें। इस कूट चाल को सफल बनाने के लिए उन्होंने लॉर्ड माउंटबेटन को वाइसराय बनाकर भारत भेजा।

देश को आजादी मिलनी अभी दूर थी और ऐसे हालात में चुप रहने में ही बेहतरी थी। इसलिए देशी रियासतों के शासकों ने इसी नीति को अपनाया। लेकिन इसके दो अपवाद भी सामने आए। उनसे ज्यादा सब्र नहीं हुआ। पहले त्रावणकोर ने और उसके बाद हैदराबाद रियासत ने घोषणा कर दी कि भारत को आजादी मिलने के साथ ही वे भी आजाद हो जाएँगे।

यह खतरे की घंटी थी। आज दो रियासतों ने यह ऐलान किया तो कल अन्य भी उनके रास्ते पर चल सकती थीं। सरदार पटेल सतर्क हो गए। उन्होंने लॉर्ड माउंटबेटन की बुलाई शीर्ष नेताओं की बैठक में उसका विरोध करने का निर्णय लिया। जवाहरलाल नेहरू उनसे पूर्णत: सहमत थे। 13 जून, 1947 को बैठक हुई तो वल्लभभाई पटेल और जवाहरलाल ने इस बात का बहुत विरोध किया कि देशी रियासतें भारतीय संघ से अलग अपना अस्तित्व कायम कर सकती हैं। लेकिन मुहम्मद अली जिन्ना उनके पूर्णत: स्वाधीन होने और भारत या पाकिस्तान किसी के भी साथ स्वेच्छा से जाने के पक्षधर थे। असल में जिन्ना जानते थे कि कुछेक रियासतें तो जरूर पाकिस्तान के साथ आना चाहेंगी। इस तरह भारत के अंदर भी कुछ मिनी पाकिस्तान बनाने की साजिश रच रहे थे, जो देश के लिए स्थायी सिरदर्द बन जाते। सरदार इसे खूब समझते थे, इसलिए वह भी नेहरू के साथ इस विरोध में डटे रहे। फलस्वरूप काफी तीव्र विवाद हुआ।

इस समस्या का कोई हल निकलना या सर्वसम्मति से निर्णय लिया

जाना तो संभव न था, फिर भी इसका एक परिणाम निकला जिसे एक कदम आगे बढ़ना कहा जा सकता है। बैठक में तय किया गया कि देशी रियासतों के साथ संपर्क बनाने के लिए एक विभाग की स्थापना भी की जानी चाहिए। 15 जुलाई, 1947 को इस विभाग की स्थापना हो गई। वल्लभभाई इस विभाग के मंत्री और वी.पी. मेनन सचिव थे। पटेल ने देशी रियासतों के नाम एक अपील जारी करके अपने काम की शुरुआत की। उन्होंने कहा कि विदेशी मामले, सुरक्षा और यातायात देशी रियासतों में उनके अधिकारों से ऊपर केंद्र के नियंत्रण में रहेंगे। जिन्ना ने इसका भी विरोध किया, लेकिन उनकी चली नहीं। इस शुरुआत के साथ ही सरदार पटेल आगे की योजना पर काम कर रहे थे। देश के स्वाधीन होने पर उन्हें क्या करना है, यह बात बहुत स्पष्ट रूप से उनके दिमाग में थी।

दुष्कर कार्य

कहने की आवश्यकता नहीं कि यह काम अत्यंत दुष्कर था। पर यह उतना ही महत्त्वपूर्ण भी था, अतः यह वल्लभभाई की प्राथमिकता बना। उन्होंने देशी शासकों व उनके दीवानों को आमंत्रित करके बातचीत आरंभ की। पहली बैठक में वल्लभभाई ने कुछ चुनिंदा देशभक्त राजाओं को आमंत्रित किया था, ताकि आसानी से उनकी सहमति प्राप्त की जा सके और बैठक के सकारात्मक परिणामों की घोषणा की जा सके, जिसका प्रभाव अनुकूल वातावरण बनाने में सहायक हो। ऐसा ही हुआ भी। इस बैठक के निष्कर्ष प्रकाशित होने पर मुहम्मद अली जिन्ना ने एक बार फिर ऐतराज किया; पर इस बार भी उनकी बात मानी नहीं गई। अब तक वल्लभभाई ने लॉर्ड माउंटबेटन को इस मुद्दे पर सहमत करा लिया था, अतः उन्होंने जिन्ना का विरोध अस्वीकार कर दिया।

राजाओं के साथ 31 जुलाई को हुई सरकार की दूसरी बैठक भी सफल रही और इस कार्य में प्रगति होती दिखाई दी।

देशी रियासतों का एक संगठन चैंबर ऑफ प्रिंसेज के नाम से था। नवाब भोपाल उसके अध्यक्ष थे। 25 जुलाई को चैंबर की एक विशेष बैठक बुलाई गई। सरदार पटेल ने उस बैठक में लॉर्ड माउंटबेटन को यह कहने के लिए राजीकर लिया कि मुझे इसमें कोई संदेह नहीं कि समझदार शासक

भारतीय संघ के साथ ऐसे संबंध बनाएँगे जिनसे उनकी आंतरिक स्वतंत्रता बनी रहे और वे सुरक्षा, विदेशी मामले एवं यातायात की समस्याओं से मुक्त रहें। इससे रजवाड़ों की समझ में आ गया कि ब्रिटिश सरकार का रवैया इस बारे में क्या है। उन्होंने पूर्ण स्वतंत्रता के मामले में उनसे सहयोग पाने की उम्मीद छोड़ दी और सरदार पटेल के प्रस्ताव को मानने में ही बेहतरी समझी।

सरदार पटेल और उनके सचिव वी.पी. मेनन के प्रयास जारी रहे और उन्होंने देशी शासकों को इस बात के लिए सहमत करा लिया कि भारतीय संघ में विलय में ही उनकी और राष्ट्र की भलाई है। एक-एक करके उन्होंने विलय-पत्र पर हस्ताक्षर करने आरंभ कर दिए और 15 अगस्त, 1947 आते-आते स्थिति यह थी कि केवल 3 रियासतों को छोड़कर बाकी सभी रियासतों ने विलय-पत्रों पर हस्ताक्षर करके भारतीय संघ में शामिल होना स्वीकार कर लिया था।

मुसलिम लीग की चाल

निस्संदेह यह बहुत बड़ी सफलता थी, विशेषकर उन हालात में जब मुसलिम लीग ने सरदार पटेल के प्रयत्नों को विफल करने का भरसक प्रयास किया। जैसा कि हमने पहले बताया, मुहम्मद अली जिन्ना ने हर कदम पर सरदार के इन प्रयत्नों का विरोध किया, क्योंकि वह भारत को छोटे-छोटे टुकड़ों में बँटा हुआ देखना चाहते थे। इसके लिए उन्हें अंग्रेजों से भी पूरे सहयोग की उम्मीद थी, पर ऐसा हुआ नहीं। फिर भी जिन्ना ने भोपाल के नवाब और हैदराबाद के निजाम को अपने साथ मिला लिया। अगर सरदार पटेल लॉर्ड माउंटबेटन को अपने पक्ष में कर सके तो जिन्ना ने वाइसराय के राजनीतिक विभाग के प्रमुख कोनेड कोरफील्ड को अपने साथ मिला लिया। उन्होंने पाकिस्तानी सीमा के पास पड़नेवाली हिंदू रियासतों को अपना लक्ष्य बनाया और पूर्ण स्वतंत्रता का लालच देकर उन्हें अपने साथ मिला लिया। उन्हें बहकाने और फुसलाने में नवाब भोपाल ने विशेष भूमिका निभाई।

यहाँ एक बात का उल्लेख किए बिना यह प्रसंग अधूरा रहेगा। एक ओर जहाँ मुसलिम लीग कुछ रियासतों को बहकाकर भारत के साथ विलय होने से रोकने का प्रयास कर रही थी, वहीं दूसरी ओर स्वेच्छा से ही बहावलपुर के नवाब और कुलात के खान ने सरदार पटेल के सामने भारत के साथ संधि

का प्रस्ताव रखा। दूरदर्शी, न्यायप्रिय और उदारचेता पटेल ने इसे स्वीकार करने के बजाय उन्हें समझाया कि भौगोलिक दृष्टि से पाकिस्तान में होने के कारण उनके लिए पाकिस्तान के साथ रहना ही श्रेयस्कर होगा। जिन्ना और पटेल में यही अंतर था। जिन्ना अगर अपने स्वार्थों के लिए हर सिद्धांत से समझौता करने को तैयार हो सकते थे तो पटेल अपने सिद्धांतों के लिए हर स्वार्थ का त्याग कर सकते थे।

भोपाल का आत्मसमर्पण

सारे घटनाक्रम का विश्लेषण करने और परिस्थितियों को समझने के बाद नवाब भोपाल जब कायल हो गए कि भारतीय संघ के साथ विलय के अतिरिक्त कोई चारा नहीं है तो उन्होंने विलय-पत्र पर हस्ताक्षर करके सरदार पटेल को भेज दिया और इसके साथ ही अपने पत्र में लिखा कि मैं अपनी पराजय स्वीकार करता हूँ। मैं आपको यह भी विश्वास दिलाता हूँ कि जितना पहले आपका विरोधी था, अब उतना ही मित्र रहूँगा।

विरोधियों को भी अपना बनाने में निपुण सरदार पटेल ने तुरंत उत्तर दिया कि मैं यह नहीं मानता कि हम विजयी हुए हैं या आप पराजित हुए हैं। हुआ वह है, जो सही था। भारतीय संघ के प्रति आपने जो सच्चा मैत्री भाव बनाए रखने का आश्वासन दिया है उससे मुझे बहुत खुशी हुई है। अपना पुराना रवैया त्यागकर आपने जो सच्चाई और ईमानदारी का रास्ता अपनाया है, उसके लिए आप बधाई के पात्र हैं।

अपना स्वतंत्र अस्तित्व बनाए रखने के लालच में इंदौर नरेश नवाब भोपाल के बहकावे में आ गए थे और वे अंत तक विलय-पत्र पर हस्ताक्षर करने से ना-नुकुर करते रहे। किसी तरह वह दिल्ली आने को राजी हुए तो यह शर्त रखी कि अपने सैलून से नहीं उतरेंगे। सरदार पटेल मिलना चाहते हैं तो खुद यहाँ आकर उनसे मिलें। सरदार ने उन्हें समझाने के लिए राजकुमारी अमृत कौर को भेजा। उनके ऊँच-नीच समझाने पर वह वल्लभभाई से मिलने को राजी हो गए। लेकिन यहाँ भी एक अड़ंगा लगा दिया कि नवाब भोपाल से सलाह-मशविरा किए बिना वह संधि-पत्र पर हस्ताक्षर नहीं करेंगे। इस पर सरदार पटेल ने उन्हें नवाब भोपाल के विलय-पत्र पर किए दस्तखत दिखाए। उसके बाद उन्होंने हथियार डाल दिए और चुपचाप विलय-पत्र पर हस्ताक्षर कर दिए।

जूनागढ़ नवाब की हठधर्मिता

जूनागढ़ के नवाब ने अपने पास की तीन छोटी रियासतों पर कब्जा कर लिया और पाकिस्तान के साथ संधि का ऐलान कर दिया। रियासत की हिंदू प्रजा पर अमानुषिक अत्याचारों का दौर शुरू हुआ तो बड़ी संख्या में हिंदुओं ने भागकर आस-पास के क्षेत्रों में शरण ली। वहाँ से भागकर आए नागरिकों ने अपना एक संगठन बनाया और एक एवजी सरकार बनाने का भी ऐलान कर दिया। सामलहास गांधी इसके अध्यक्ष बनाए गए। एवजी सरकार बनने की देर थी कि कई रियासतों ने हाथों-हाथ उसे मान्यता देने का भी ऐलान कर दिया। इस सरकार ने जूनागढ़ रियासत के प्रजाजनों पर हो रहे अत्याचारों, पास की रियासतों पर नवाब के जबरन कब्जा करने और उन्हें पाकिस्तान में शामिल होने के लिए धमकाने की हरकतों की शिकायत सरदार पटेल के पास भेजकर रक्षा की गुहार की। भारत सरकार ने सुरक्षात्मक कदम उठाते हुए जूनागढ़ की रियासत को चारों तरफ से घेरने के सुरक्षा बलों को आदेश जारी कर दिए। इस काररवाई के अमल में आते ही नवाब की सिट्टी-पिट्टी गुम हो गई और वह परिवार सहित पाकिस्तान भाग गया। रियासत का सारा कामकाज नवाब के दीवान शाहनवाज भुट्टो के हाथ में था। 25 अक्तूबर 1947 को नवाब के पाकिस्तान भाग जाने के बाद दीवान के भी हौंसले पस्त हो गए। 18 नवंबर को उसने भारत सरकार से अनुरोध किया कि वह जूनागढ़ को भारतीय संघ में शामिल कर ले और इसके साथ ही खुद भी पाकिस्तान भाग गया। इस तरह जूनागढ़ की समस्या भी हल हो गई।

हालाँकि अब किसी तरह की अड़चन नहीं थी, लेकिन लोकतंत्र के सिद्धांतों में रचे-बसे वल्लभभाई ने फिर भी वहाँ जनमत संग्रह कराया। इस जनमत संग्रह में पाकिस्तान के पक्ष में केवल 61 वोट पड़े और भारत के पक्ष में 1.25 लाख के लगभग वोट पड़े। इस प्रकार जनता ने भी जूनागढ़ के भारत के साथ विलय पर अपनी स्वीकृति की मुहर लगा दी।

इन छिटपुट अपवादों को छोड़कर विलय की सारी प्रक्रिया अत्यंत सौहार्दपूर्ण वातावरण में हुई। सरदार पटेल की विनम्रता और देशी नरेशों की सहमति प्राप्त करने की अद्‌भुत कुशलता ने चमत्कारिक परिणाम दिखाए।

इसका एक उदाहरण रावजी भाई की अलवर नरेश से सन् 1954 में हुई बातचीत में मिलता है। उन्होंने महाराजा से पूछा था कि आप लोग सरदार

पटेल के कहने पर अपना राज छोड़ने के लिए कैसे तैयार हो गए। इस पर अलवर नरेश ने जवाब दिया कि सरदार हमारे बड़े हैं। उन्होंने हम पर किसी तरह का अनुचित दबाव नहीं डाला, जिसकी कि हमें आशंका थी। उन्होंने तो ऐसा व्यवहार किया जैसे माता-पिता या बड़े करते हैं। उन्होंने बड़े धैर्य और विनम्रता से समझाया कि हमारे हित किस में हैं और प्यार से हमें अपना बना लिया। हम स्वेच्छा से भारतीय संघ में विलय के लिए राजी हो गए।

सरदार पटेल ने केवल राष्ट्रहित और उनके अपने हित की बात समझाकर ही राजाओं को संतुष्ट नहीं किया, उन्होंने उनके साथ पूरा न्याय करते हुए प्रत्येक रियासत की वार्षिक आय के प्रतिशत के आधार पर उन्हें उदार प्रिवीपर्स भी दिए।

□

15

हैदराबाद और कश्मीर

अनेक शक्तियाँ भीतर और बाहर से हमारी प्रगति में बाधक बनी हुई हैं। ऐसे में हम सबका कर्तव्य है कि अपनी जान की बाजी लगाकर भी अपनी अनमोल आजादी की रक्षा करें।

—सरदार पटेल

भारतीय संघ में हैदराबाद का महत्त्व बहुत अधिक था। 82 हजार वर्ग मील क्षेत्रवाली इस रियासत की जनसंख्या उस समय 1.75 करोड़ के लगभग थी। अगर निजाम का षड्यंत्र सफल हो जाता और यह रियासत आजाद रहकर पाकिस्तान के साथ मिल जाती तो भारत के लिए बहुत बड़ा स्थायी सिरदर्द बन सकती थी। हैदराबाद के निजाम दुनिया के सबसे अमीर लोगों में गिने जाते थे। उनकी रियासत की सेना के पास हवाई जहाज तक थे। खबरों के अनुसार निजाम ने काफी हथियार इकट्ठे कर रखे थे और विदेशों से और भी हथियार मँगवाने के जुगाड़ में थे। इसके अलावा निजाम को पाकिस्तान से भी मदद मिलने की उम्मीद थी।

हैदराबाद में एक और बड़ी समस्या रजाकारों की थी। ये इत्तेहादुल अमीन नाम की संस्था के सदस्य थे। इनके नेता कासिम रिजवी ने अपने हथियारबंद सदस्यों के साथ मिलकर रियासत में बसे हिंदुओं पर भयंकर अत्याचार करने शुरू कर दिए। 15 अगस्त, 1947 को देश के स्वतंत्र होने पर जिन लोगों ने वहाँ खुशियाँ मनाईं उन्हें दंड दिया गया और उनके फहराए राष्ट्रीय ध्वज छीनकर जला दिए गए। हैदराबाद में स्थिति दिन-दिन बिगड़ती जा रही थी। कासिम रिजवी निजाम पर हावी था और वह भारत सरकार के

साथ किसी भी तरह का समझौता करने के विरुद्ध था। निजाम और रिजवी इस गलतफहमी के शिकार थे कि भारतीय सेनाएँ किसी भी हालत में हैदराबाद की सीमा में प्रवेश नहीं करेंगी। नेहरू बार-बार समझौते की बात इसलिए कर रहे हैं, क्योंकि वह अंतरराष्ट्रीय दबाव से डरते हैं।

पटियाला के महाराजा निजाम की हरकतों पर बराबर नजर रखे हुए थे। उन्होंने पं. नेहरू को खबर दी कि निजाम गोवा के रास्ते हथियार आयात कर रहे हैं। पर नेहरूजी ने कोई प्रतिक्रिया नहीं दिखाई। कुछ दिनों बाद महाराजा को खबर मिली कि रजाकारों ने सिखों के धर्मस्थान नदेड़ साहब को घेर लिया है। उन्होंने तुरंत सरदार पटेल को तार देकर इसकी सूचना दी। सरदार स्वयं भी हैदराबाद की हलचल पर निरंतर निगाह रखे हुए थे। वह शीघ्र ही कोई काररवाई करने पर विचार कर रहे थे। इधर रजाकारों के हौसले इतने बढ़ गए थे कि उन्होंने सीमा के निकटवर्ती एक भारतीय गाँव पर हमला कर दिया। प्रतिरोध करने पर उन्होंने पाँच पुलिसकर्मियों को मार डाला। कासिम रिजवी इस गलतफहमी में था कि मुसलिम रियासत हैदराबाद के खिलाफ अगर भारत ने कोई सैनिक काररवाई की तो भारत के 4.5 करोड़ मुसलमान भी बगावत कर देंगे। सरदार पटेल से मुलाकात होने पर भी रिजवी अपनी दर्पोक्ति से बाज नहीं आया। उसने धमकी दी कि हैदराबाद का एक-एक मुसलमान शहीद होने को तैयार है और अगर भारत सरकार ने कोई काररवाई की तो हम आखिरी आदमी तक लड़ेंगे। इस पर सरदार ने संक्षिप्त सा जवाब दिया कि मैं तुम्हें आत्महत्या करने से कैसे रोक सकता हूँ।

हैदराबाद में जब स्थिति बहुत गंभीर हो रही थी, सरदार पटेल देहरादून में स्वास्थ्य-लाभ के लिए आए हुए थे। उन्होंने मेजर जनरल चौधरी को बुला भेजा और पूछा कि वर्तमान स्थितियों में अगर हैदराबाद में पुलिस काररवाई की जाए तो स्थिति पर नियंत्रण पाने में कितना समय लगेगा? चौधरी ने उत्तर दिया कि यदि आप मुझे सोमवार को सुबह वहाँ भेजें तो मैं सारा काम पूरा करके शनिवार को पूना में रेस देखने आ सकता हूँ। सरदार खामोश रहे। उन्होंने अपना मन बना लिया था।

हैदराबाद में पुलिस काररवाई 12 सितंबर, 1948 को आरंभ हुई। जनरल चौधरी ने अपने वादे से कहीं ज्यादा तत्परता व कार्य-कुशलता का परिचय दिया और 17 सितंबर को निजाम की सेना ने भारतीय सेना के सामने

आत्मसमर्पण कर दिया। इसके बाद निजाम ने विलय-पत्र पर हस्ताक्षर कर दिए और हैदराबाद भारतीय संघ में शामिल हो गया। इस प्रकार सरदार पटेल का देशी रियासतों को भारतीय संघ में शामिल किए जाने का कार्य संपन्न हुआ, जिसने उन्हें इतिहास में एक विशिष्ट स्थान दिलाया। अनेक राजनीतिक पर्यवेक्षकों ने उनकी तुलना जर्मनी के प्रिंस विस्मार्क से की। 'लंदन टाइम्स' ने टिप्पणी की कि भारत का आकार और देशी राज्यों की समस्या, दोनों जर्मनी से कहीं बड़ी थीं। इस लिहाज से सरदार का यह महान् कार्य विस्मार्क से भी कहीं बड़ा है।

कश्मीर

भारत और पाकिस्तान दोनों के साथ सटे होने के कारण कश्मीर की स्थिति बड़ी संवेदनशील थी। महाराजा हरिसिंह ने कश्मीर को स्वतंत्र रखने की नीयत से दोनों देशों के साथ संपर्क बनाए रखने और दोनों में से किसी के साथ भी विलय न करने की नीति अपनाई। दुर्भाग्यवश उन्हें इस बात का आभास तक न हुआ कि पाकिस्तान बगल में छुरा छिपाकर उनसे बात कर रहा है। जब नवनिर्मित पाकिस्तान के नेताओं को विश्वास हो गया कि महाराजा हरिसिंह ने भारत के साथ विलय-पत्र पर हस्ताक्षर नहीं किए हैं और उन्हें भारत से सुरक्षा मिलने की कोई संभावना नहीं है, उन्होंने बड़ी संख्या में कबाइलियों को उकसाकर कश्मीर पर हमला करवा दिया। यह सीमावर्ती कश्मीर को हड़पने की उनकी चाल थी। अब महाराजा की आँख खुली। देखते-देखते हालात इतने खराब हो गए कि स्थिति नियंत्रण से बाहर हो गई। कबाइलियों ने लूट-मार, बलात्कार का बाजार गरम कर रखा था। वे तेजी से आगे बढ़ रहे थे। उन्हें पाकिस्तानी सेना का पूरा समर्थन प्राप्त था।

जब कबाइलियों ने आधे कश्मीर पर अधिकार कर लिया तो महाराजा हरिसिंह ने भारत सरकार से मदद की गुहार की। सरदार पटेल ने तय किया कि महाराजा को तभी सहायता दी जा सकती है, जब वे विलय-पत्र पर हस्ताक्षर करें। महाराजा के पास ज्यादा सोच-विचार या टाल-मटोल का समय न था। उन्होंने तुरंत विलय-पत्र पर हस्ताक्षर कर दिए। भारतीय सेनाओं को महाराजा की सहायता के लिए अविलंब विमान से कश्मीर भेजा गया, जिन्होंने वहाँ पहुँचते ही कबाइलियों को पीछे खदेड़ना शुरू कर दिया। सरदार

पटेल चाहते थे कि पूरे जम्मू व कश्मीर को कबाइलियों से मुक्त करा लिया जाए। लेकिन दुर्भाग्यवश कश्मीर का मामला पंडित नेहरू के पास था, जिन्होंने अंतरराष्ट्रीय दबाव की आशंका से युद्ध विराम करा दिया और कश्मीर की समस्या सदा के लिए उलझ गई। आज भी लोग याद करते हैं कि यदि हैदराबाद की तरह कश्मीर समस्या को हल करने का काम भी वल्लभभाई पटेल के पास होता तो वह इस समस्या को भी अपने कौशल से हैदराबाद की तरह ही सुलझा लेते।

बापू की हत्या

महात्मा गांधी ने देश-विभाजन के बावजूद हिंदू-मुसलिम एकता का अपना उद्देश्य जारी रखा। सांप्रदायिक दंगों के कारण उन्हें अपना यह कार्य अब और भी आवश्यक लग रहा था। अव्वल तो वह विभाजन के बहुत खिलाफ थे। लेकिन जब वह देश को दो टुकड़ों में बँटने से रोक न पाए तो उन्होंने भरपूर कोशिश की कि दोनों देशों में शत्रुता की जगह भाईचारे के संबंध बनें। जिस तरह कुछ कट्टर मुसलमान उनके उन प्रयासों से नाराज थे, कट्टर हिंदू भी कम खफा न थे। वे उनके मानवतावाद को मुसलिम समर्थक और हिंदुत्व-विरोधी समझते थे।

30 जनवरी, 1948 की शाम को जब बापू रोज की तरह प्रार्थना सभा से आए तो बहुत से लोग निकट से श्रद्धा प्रदर्शित करने के लिए आगे बढ़े। उन्हीं में बापू के भक्त के वेश में एक हत्यारा भी था। उस व्यक्ति नाथूराम गोडसे ने पहले बापू को प्रणाम किया और फिर अत्यंत निकट से गोलियाँ दागकर उनकी हत्या कर दी। सारा देश गहरे शोक में डूब गया।

महात्मा गांधी की हत्या का सरदार पटेल को बहुत गहरा सदमा लगा। उन्होंने कभी गांधीजी से कहा था कि मैं चाहता हूँ कि मेरी और आपकी मृत्यु एक साथ हो, क्योंकि आपके निधन के बाद मेरी भी जीने की इच्छा न रहेगी। कुछ ऐसा ही हुआ। उनकी दिल की बीमारी बढ़ गई। उनके चेहरे की मुसकान मानो किसी ने सदा के लिए छीन ली। वह पहले से कहीं ज्यादा गुमसुम रहने लगे। लेकिन उनके सामने गंभीर चुनौतियाँ थीं। वह कहते थे, हालाँकि अब मुझे विश्राम करना चाहिए, लेकिन क्या करूँ, मेरे देश के सामने इतनी समस्याएँ हैं, मुझे तो अपनी आखिरी साँस तक देश-सेवा करनी ही होगी।

कुशल प्रशासक

सरदार पटेल को सदा उनकी कार्य-कुशलता, तत्परता, दूरदर्शिता और विभिन्न विचारों के लोगों में सामंजस्य बैठाने के अद्भुत गुणों के लिए याद किया जाएगा। गिरते हुए स्वास्थ्य और अपनी उम्र के संध्याकाल में भी उन्हें निरंतर देश की समस्याओं की चिंता रहती थी। जब वह अपने बिगड़े स्वास्थ्य में कुछ सुधार लाने और विश्राम के लिए देहरादून गए हुए थे तब भी हैदराबाद की समस्या उन्हें बेचैन कर रही थी। उस हालत में भी उन्होंने जनरल चौधरी को बुलाकर पूछा कि हैदराबाद में पुलिस काररवाई करने पर स्थिति पर नियंत्रण पाने और उपद्रव का दमन करने में कितना समय लगेगा। कश्मीर समस्या को लेकर भी वह सदा सतर्क रहे और गृह मंत्रालय की तरफ से हर संभव सहायता निर्धारित समय से पहले ही पहुँचाई। यह तत्परता उन्होंने बंगाल की अशांत स्थिति पर नियंत्रण पाने में दिखाई। बंगाल की स्थिति पर नियंत्रण पाने का आदेश तत्कालीन कमांडर इन चीफ सैम मानेक शॉ को दिया, जो उन दिनों डी.एम.ओ. के पद पर थे। वह तत्काल बंगाल गए और वहाँ मुख्यमंत्री बी.सी. राय से परामर्श के लिए पहुँचे। मानेक शॉ को यह देखकर आश्चर्य हुआ कि किसी तरह का निर्देश देने या अपने किसी प्रतिनिधि को भेजने के बजाय स्वयं गृहमंत्री सरदार पटेल वहाँ मौजूद थे।

सरदार पटेल ने मानेक शॉ से पूछा कि यदि स्थिति पर नियंत्रण पाने के लिए सेना से सहायता ली जाए तो कितना समय लगेगा और उन्हें कितने नागरिकों को मारना पड़ेगा। सैम ने कहा कि 100/150 लोगों को मारने की जरूरत पड़ेगी और सारे हालात पर काबू पाने में करीब एक महीने का समय लगेगा। इस पर सरदार ने तुरंत आदेश दिया कि बंगाल को सेना के सुपुर्द कर दिया जाए। सेना ने बिना एक भी नागरिक को मारे स्थिति पर काबू कर लिया। यह सैम मानेक शॉ की कार्य-कुशलता थी।

सरदार पटेल ने मानेक शॉ को बुला भेजा। उनके आते ही उन्होंने थोड़ा गुस्सा दिखाते हुए सैम से पूछा, "तुमने मुझसे झूठ क्यों बोला?" मानेक शॉ यह सवाल सुनकर हैरान रह गए। उन्होंने गृहमंत्री ने पूछा कि कौन सा झूठ?

"तुमने कहा था कि बंगाल में स्थिति पर काबू पाने के लिए 100/150 नागरिकों को मारना पड़ेगा। पर सेना ने तो एक भी नागरिक को मारे बिना स्थिति पर नियंत्रण कर लिया। क्या यह झूठ नहीं था?"

इतना कहकर वल्लभभाई उठाकर हँस पड़े। तब कहीं मानेक शॉ को उनका मजाक समझ में आया। सैम मानेक शॉ भी कम हाजिर-जवाब न थे। बोले, ''सर अगर मैं कहता कि एक भी नागरिक को मारे बिना स्थिति पर नियंत्रण पा लूँगा और उसके बाद हालात ऐसे बनते कि मुझे कम से कम 20-30 नागरिकों को मारने को विवश होना पड़ता तो आप मेरी गरदन पकड़ लेते। इसलिए मैंने पहले ही अपने बचाव का प्रबंध 100/150 को मारने की बात कहकर कर लिया।''

देश की सुरक्षा के प्रति सरदार पटेल की चिंता और उनकी दूरदर्शिता इसी से जाहिर होती है कि उन्होंने प्रधानमंत्री नेहरू को चीन से सावधान रहने और उसकी सीमा से लगी अपनी चौकियों की सुरक्षा-व्यवस्था को मजबूत करने की तब सलाह दी थी जब कोई सुदूर भविष्य में भी ऐसे किसी खतरे के होने को भाँप नहीं सकता था। पंडित नेहरू सावधान किए जाने पर भी इस खतरे को भाँपने में असफल रहे। सन् 1962 में देश को इसकी बहुत बड़ी कीमत चुकानी पड़ी।

अपनी मृत्यु से सिर्फ पाँच हफ्ते पहले सरदार पटेल ने नेहरूजी को जो पत्र लिखा उसके कुछ अंश देखिए—

''चीन की सरकार हमें धोखे में रखने के लिए शांतिपूर्ण उद्देश्यों की बातें कर रही है। चीनी नेता तिब्बत पर हमले की तैयारियाँ काफी दिनों से कर रहे थे। मेरी राय में उनकी यह हरकत धोखेबाजी से कुछ ही कम है।

''सबसे अधिक दुःख की बात यह है कि तिब्बतियों ने इस पर विश्वास किया, हमसे सलाह ली; लेकिन हम उनको चीन की चालबाजी से बचा नहीं पाए। आपकी चीन के साथ मित्रता के बावजूद अगर ऐसी बातें उन्होंने अपने मन में छिपाए रखीं तो इससे जाहिर है कि हम भले ही चीनियों को अपना मित्र समझें, वे हमें अपना मित्र नहीं मानते।

''इस समय भारत-तिब्बत की सीमा शांत है। लेकिन कालांतर में यही भारत-चीन सीमा विवाद बन सकती है। इसलिए सीमावर्ती क्षेत्रों में आंतरिक सुरक्षा, यातायात, सैनिक चौकियों और सूचना की व्यवस्था की जानी चाहिए।''

लेकिन पंडित नेहरू ने न तो इस चेतावनी पर ध्यान दिया, न ही उन्होंने सरदार पटेल के देश की सुरक्षा से संबंधित अति महत्त्वपूर्ण पत्र का उत्तर देने की आवश्यकता समझी।

सोमनाथ का जीर्णोद्धार

13 नवंबर, 1947 को वल्लभभाई पटेल सौराष्ट्र के दौरे पर गए तो उन्होंने सोमनाथ के ऐतिहासिक मंदिर की दुर्दशा अपनी आँखों से देखी। दरअसल सन् 1024 में महमूद गजनवी के मंदिर को लूटने व तहस-नहस करने के बाद से ही उसके जीर्णोद्धार की कोई गंभीर कोशिश नहीं की गई थी। वल्लभभाई ने तत्काल मंदिर के जीर्णोद्धार का निर्णय लिया और सौराष्ट्र के राजप्रमुख की अध्यक्षता में इस कार्य को संपन्न करने के उद्देश्य से एक समिति का गठन किया गया। प्राचीन ऐतिहासिक मंदिर की आकृति के अनुरूप ही मंदिर के निर्माण का कार्य आरंभ किया गया, जो मई 1951 में जाकर संपन्न हुआ। मंदिर में प्रतिमा की प्राण-प्रतिष्ठा व पूजा-अर्चना का समारोह सरदार वल्लभभाई पटेल के हाथों संपन्न न हो पाया, क्योंकि वह उन दिनों अत्यंत अस्वस्थ थे। यह कार्य तत्कालीन राष्ट्रपति डॉ. राजेंद्र प्रसाद ने संपन्न किया।

भारत को स्वाधीनता मिलने के साथ ही सारे देश में उल्लास का वातावरण छा गया था। देश की स्वाधीनता के लिए निरंतर संघर्ष करनेवालों के आनंद का अनुमान तो सहज ही लगाया जा सकता है। लेकिन उस अवसर पर भी हर्षोल्लास की अभिव्यक्ति के स्थान पर वल्लभभाई ने देशवासियों को यह कहकर चेताया कि अब हमारी जिम्मेदारी पहले से कहीं ज्यादा बढ़ गई है। हमें स्वतंत्रता मिली है तो उसके साथ उसकी आंतरिक व बाहरी शत्रुओं से रक्षा करने का उत्तरदायित्व भी हम पर आ गया है। जहाँ उन्होंने बाहरी खतरों के प्रति सचेत किया वहीं आंतरिक खतरों से देश की सुरक्षा के लिए गुप्तचर व्यवस्था व कानून व्यवस्था को सुदृढ़ करने का भरसक प्रयास किया। अंग्रेजों के चले जाने के बाद प्रशासनिक स्तर पर बहुत अधिक उच्च स्थान रिक्त हो गए थे। उनके स्थान पर योग्य प्रशासकों की नियुक्ति की गई और प्रशासनिक ढाँचे को सुदृढ़ किया गया।

अपने खराब स्वास्थ्य के बावजूद जीवन के संध्याकाल में सरदार वल्लभभाई पटेल ने नवस्वतंत्र भारत की महती समस्याओं को यथासंभव हल करने के लिए जो अथक परिश्रम किया, उसका संक्षेप में बहुत युक्तियुक्त विवरण उनके निजी सचिव श्री वी. शंकर ने इन शब्दों में दिया है, "सरदार जब अंतरिम सरकार में गृह और सूचना-प्रसारण मंत्री बने, तब उनकी अवस्था 71 वर्ष की थी। 72 वर्ष की उम्र में उन्होंने उपप्रधानमंत्री का पद ग्रहण करके देश की समस्याओं से जूझना आरंभ किया। इसके साथ ही रियासतों की समस्या सुलझाने

का भार भी उन पर था। उनकी आयु के 73, 74, 75वें वर्ष देश को एक सूत्र में पिरोने; देश के संगठन, प्रशासन के ताने-बाने को संपूर्णता देने, देश में शांति स्थापित करने, देश की समृद्धि की नींव रखने और प्रशासनिक, कानूनी तथा आर्थिक व्यवस्था को नया रूप देने, राष्ट्र के संविधान को गणतांत्रिक आधार देने में व्यतीत हुए।''

ये अत्यंत कठिन संघर्ष के वर्ष थे। पहले से ही अस्वस्थ चल रहे वल्लभभाई का स्वास्थ्य इस कठोर परिश्रम के कारण और भी बिगड़ गया। उनका दिल का रोग बढ़ता गया। डॉक्टरों की पूर्ण विश्राम की सलाह को वह कैसे मान सकते थे, उनके सामने इतने बड़े काम जो थे। स्वास्थ्य-लाभ के लिए वह मसूरी और देहरादून भी गए तो वहाँ भी अनेक प्रकार की चिंताओं से घिरे रहे। अतः कुछ विशेष सुधार न हुआ। उन्हें दिल के छोटे-बड़े कई दौरे पड़े थे।

तबीयत ज्यादा बिगड़ जाने पर डॉ. वी.सी. राय ने सलाह दी कि बंबई की जलवायु उनके लिए कुछ बेहतर होगी, अतः उन्हें वहाँ जाकर विश्राम करना चाहिए। बीमारी की गंभीरता को देखते हुए वल्लभभाई को 12 दिसंबर, 1950 को विशेष विमान से बंबई भेजा गया। हवाई अड्डे पर उनको विदाई देनेवालों में अनेक वरिष्ठ अधिकारियों के अतिरिक्त राष्ट्रपति डॉ. राजेंद्र प्रसाद और प्रधानमंत्री पं. जवाहरलाल नेहरू भी मौजूद थे। जलवायु बदलने की तरकीब भी काम न आई। 15 दिसंबर, 1950 को उन्हें दिल का एक और भयंकर दौरा पड़ा और उन्होंने अपना नश्वर शरीर त्याग दिया।

वल्लभभाई के निधन का दु:खद समाचार मिलते ही सारे देश में शोक की लहर दौड़ गई। डॉ. राजेंद्र प्रसाद, जवाहरलाल नेहरू, चक्रवर्ती राजगोपालाचारी व अन्य गण्यमान्य नेता उनके निधन का समाचार मिलते ही विमान से बंबई पहुँचे। उनकी अंतिम यात्रा के लिए अपार जनसमूह उमड़ पड़ा। उनकी शवयात्रा का जुलूस लोकमान्य तिलक के बाद बंबई का सबसे बड़ा जुलूस था। जवाहरलाल और गोविंद बल्लभ पंत, जिनका सरदार से अत्यंत घनिष्ठ व्यक्तिगत संबंध था, अपनी भावनाओं को संयमित न रख सके और सार्वजनिक रूप से फूट-फूटकर रोए।

सारे संसार से सरदार वल्लभभाई पटेल के निधन पर श्रद्धांजलि के संदेश आने लगे। लॉर्ड माउंटबेटन ने लिखा कि वह अब नहीं रहे, पर उनकी

आत्मा सदा भारत में अमर होकर रहेगी। देशी-विदेशी समाचार-पत्रों ने भी भारत माता के इस महान् सपूत को भावभीनी श्रद्धांजलि देते हुए उनके महान् कार्यों को स्मरण किया।

देश के सभी गण्यमान्य नेताओं ने दिवंगत राष्ट्रनायक को अपने श्रद्धा-सुमन अर्पित किए। पं. जवाहरलाल नेहरू ने कहा कि वह नवीन भारत के महान् निर्माता थे। चक्रवर्ती राजगोपालाचारी ने कहा कि सारे राष्ट्र की इच्छा थी कि वह भारत माता की गोद में अभी न सोते। कुछ और समय तक उनकी बहुत आवश्यकता थी। एम. के. पाटिल ने कहा कि बहुत लोग आते और जाते हैं, पर सरदार पटेल सरीखा फिर कभी देखने को न मिलेगा।

□

जीवन-यात्रा

एक बात निश्चित है कि जिंदगी के साथ मौत जुड़ी हुई है। फिर डर किस बात का? मौत से प्रेम करना सीख लेना चाहिए।

—सरदार पटेल

31 अक्तूबर, 1875	नाडियाद, काठियावाड़ (गुजरात) में जन्म
1893	झबेरबाई से विवाह
1897	मैट्रिक परीक्षा पास की
11 जनवरी, 1909	पत्नी का देहांत
13 फरवरी, 1913	इंग्लैंड से बैरिस्टर बनकर भारत लौटे
8 फरवरी, 1928	बारदोली आंदोलन से संबंधित किसान सभा की अध्यक्षता
7 मार्च, 1930	गिरफ्तारी, 3 महीने 3 सप्ताह की सजा
दिसंबर, 1930	9 महीने के कारावास की सजा
मार्च, 1931	कांग्रेस के कराची अधिवेशन के अध्यक्ष
4 जनवरी, 1932	1 साल 4 महीने के लगभग गांधीजी के साथ यरवदा जेल में
नवंबर 1932	बंदी काल में ही माता का निधन
20 अक्तूबर, 1933	अग्रज विट्ठलभाई का विदेश में निधन
जुलाई 1934	स्वास्थ्य बिगड़ने के कारण जेल से रिहा
1935–1940	कांग्रेस संसदीय उपसमिति के अध्यक्ष
9 अगस्त, 1942	अहमदाबाद किले में बंदी बनाकर रखे गए

1945	जेल से रिहा
सितंबर 1946	अंतरिम सरकार में गृहमंत्री
दिसंबर 1948	स्वतंत्र भारत में गृहमंत्री एवं उपप्रधानमंत्री
15 दिसंबर, 1950	बंबई में निधन

□

सरदार पटेल के विचार

अन्याय

हम खुद ही अन्यायी बन जाएँ, तो हम दूसरों से न्याय नहीं माँग सकते। गलती करने वाले को माफ कर दो। उसके साथ मुहब्बत करो।

—सरदार पटेल के भाषण, पृ. 98

* * *

अविश्वास

अविश्वास भय का कारण है। प्रजा का विश्वास राज्य की निर्भयता की निशानी है। इतना याद रखना चाहिए कि राज्य प्रजा के लिए है, प्रजा राज्य के लिए नहीं है।

* * *

असहयोग

असहयोग जनता और राज्य के बीच नीति, नियम और मर्यादा में रहकर चलाया जाने वाला महान् युद्ध है। इस युद्ध में दोनों के बल की परीक्षा होती है। युद्ध में नियमों का दोनों पक्ष पूरी तरह पालन करें, तो इससे ठीक एक पक्ष भी घाटे में नहीं रहेगा। जीतने वाले को तो खोना है ही नहीं। असल में दोनों ही पक्षों को इससे बहुत लाभ होगा। इस महान् युद्ध के परिणाम जितने सुंदर हैं, उतना ही यह युद्ध कठिन है।

—सरदार पटेल के भाषण, पृ.11

* * *

अस्पृश्य

अस्पृश्य की व्याख्या आप जानते हैं? प्राणी के शरीर में से जब प्राण

निकल जाते हैं, तब वह अस्पृश्य बन जाता है—मनुष्य हो या पशु, जब वह प्राणहीन बनकर, शव होकर पड़ जाता है—तब उसे कोई नहीं छूता, और उसे दफनाने या जलाने की क्रिया होती है। मगर जब तक मनुष्य या प्राणीमात्र में प्राण रहते हैं, तब तक वह अछूत नहीं होता। यह प्राण प्रभु का एक अंश है, और किसी भी प्राणी को अछूत कहना भगवान के अंश का, भगवान का तिरस्कार करने के बराबर है।

—सरदार पटेल के भाषण, पृ. 206

❋ ❋ ❋

अस्पृश्यता

अस्पृश्यता एक वहम है। जब कुत्ते को छूकर नहाना नहीं पड़ता, बिल्ली को छूकर नहाना नहीं पड़ता; तो फिर जो हमारे जैसे मनुष्य हैं, उन्हें छूकर कैसे अपवित्र हो जाते हैं? हिंदुओ, जागो! आप भूल कर रहे हैं। अंत्यज मुसलमान या ईसाई बन जाते हैं। वे ईसाई बनकर आते हैं, तो आप उन्हें सलाम करते हैं! इस प्रकार हमारे यहाँ धर्म का निवास न रहता हो, तो ईश्वर का क्या दोष? जब वह हिंदू-धर्म छोड़ देता है, तब हमारे साथ बैठने लायक हो जाता है। फिर तो वह विधर्मी बनकर विरोधी बन जाता है।

—सरदार पटेल के भाषण, पृ. 105

❋ ❋ ❋

अहिंसा

अहिंसा का बहाना न बनाइए। इसमें अहिंसा का तो नाम-निशान भी नहीं था। अहिंसा को हमने अपनी कायरता को छिपाने का साधन बना लिया था।

—सरदार पटेल के भाषण, पृ. 508

❋ ❋ ❋

अहिंसा के सिवाय दूसरे किसी ढंग से जीना नहीं हो सकता। नहीं तो जैसे जंगल में शेर-भेड़िये जानवरों को चीरकर खाते हैं वैसे ही मनुष्य करने लगेंगे और सृष्टि का अंत हो जाएगा। ऐसे समय संभव है कि हिंदुस्तान दुनिया को दूसरा ही मार्ग दिखा दे। वही मार्ग हमें अख्तियार करना है, और उसमें आप सबको साथ देना है।

—सरदार पटेल के भाषण, पृ. 528

❋ ❋ ❋

आज्ञा-पालन

अफसर का हुक्म मानना चाहिए। किसी भी हालत में विनय नहीं छोड़नी चाहिए। कभी कोई हुक्म अंतःकरण के विरुद्ध मालूम हो, तो अफसर के हाथों में इस्तीफा रख दो, परंतु विनय नहीं छोड़नी चाहिए।

—सरदार पटेल के भाषण, पृ. 425

* * *

सिपाही यह कहें कि हमें लड़ना तो है, मगर वे हथियार नहीं रखने हैं जो सेनापति बतलाता है, तो वह लड़ाई नहीं चल सकती।

—सरदार पटेल के भाषण, पृ. 456

* * *

आत्म-त्याग की भावना

हममें आत्म-त्याग की भावना न हो, हम निजी महत्त्वाकांक्षाओं को देशव्यापक हित के सामने गौण समझने को तैयार न हों, तो हमारा धारासभाओं में जाना बेकार है। अगर हम ऊँचे दरजे की हिम्मत, ऊँचे प्रकार की शक्ति, और ऊँचे दरजे की बलिदान की भावना नहीं दिखा सकते, तो हम देश के साथ और हमें मत देने वाले लोगों के साथ न्याय करेंगे।

—सरदार पटेल के भाषण, पृ. 329

* * *

आत्मदोष-दर्शन

यदि हमें न्याय प्राप्त करना हो और आजादी लेनी हो, तो अपने खुद के दोष देखना और सुधारना, सहनशीलता, आत्मश्रद्धा और धैर्य रखना, त्याग करना—गरज यह कि जिनसे हमें न्याय लेना है, उनके दोष देखने के बजाय उनके बड़े गुणों और चरित्र का अनुकरण करना सीखना चाहिए।

—सरदार पटेल के भाषण, पृ. 22

* * *

आत्मप्रशंसा

अपनी बड़ाई गा-गाकर आदमी स्वयं बड़ा नहीं हो सकता। मनुष्य का छोटापन या बड़प्पन उसके काम, व्यवहार और मनोवृत्ति से आप ही प्रकट हो

जाते हैं। इस प्रकार के लोग अपने स्वार्थ में इतने लिप्त हैं, कि वे समझते हैं कि अपने स्वार्थ को परमार्थ के कपड़े पहनाकर जनता की आँख से छिपा सकते हैं। *—भारत की एकता का निर्माण, पृ. 215*

❋ ❋ ❋

आत्मबल

आत्मबल के बिना कोई काम नहीं होता, भले ही अपनी ही सरकार हो। मैं आत्मबल को मानने वाला हूँ।

—सरदार पटेल के भाषण, पृ. 571

❋ ❋ ❋

आत्मरक्षा

युग को पहचानकर आत्मरक्षा करना हमारा फर्ज है। यह समय ऐसा है कि चारों तरफ गुंडे घूमते हैं। अगर यह मानने का कारण देंगे कि हम कायर हैं, तो गुंडे निर्भय होकर घूमेंगे।

—सरदार पटेल के भाषण, पृ. 417

❋ ❋ ❋

आत्मा

यह शरीर मिट्टी का बना हुआ है, मिट्टी के पुतले की तरह टूट जाने वाला है। लाठियों से सिर के टुकड़े हो जाएँगे, मगर दिल के टुकड़े नहीं होंगे। आत्मा को गोली या लाठी नहीं मार सकती। दिल के भीतर की असरी चीज को—आत्मा को—कोई हथियार नहीं छू सकता।

—सरदार पटेल के भाषण, पृ. 237

❋ ❋ ❋

आदर

जमीन-जायदाद चली जाएगी तो फिर पैदा की जा सकेगी; घर-बार चला जाएगा तो फिर खड़ा हो जाएगा; मगर इज्जत चली जाएगी तो फिर से नहीं आएगी।

—सरदार पटेल के भाषण, पृ. 241

❋ ❋ ❋

जो मनुष्य सम्मान प्राप्त करने योग्य होता है, वह हर जगह सम्मान

प्राप्त कर लेता है। परंतु अपने जन्म-स्थान में सम्मान प्राप्त करना कठिन है।

—सरदार पटेल के भाषण, पृ. 500

* * *

आप जाग्रत् हो जाइए

आप जाग्रत् हो जाइए। चारों तरफ क्या हो रहा है, उसे जानिए। नहीं जानेंगे तो ठगे जाएँगे। आजकल दुनिया ऐसी बन गई है कि एक स्थान पर होने वाली घटना की जानकारी चौबीस घंटे में सारी दुनिया में हो जाती है।

—सरदार पटेल के भाषण, पृ. 106

* * *

आलस्य

पुरुषार्थ कठिनाइयाँ पार करने में है। परंतु मनुष्य ज्यादातर आलसी होता है। और आलस्य शरीर का ही नहीं होता मन का भी होता है।

—सरदार पटेल के भाषण, पृ. 561

* * *

आवश्यकता

हमें चार चीजों की जरूरत है—हवा, पानी, रोटी और कपड़ा। दो चीजें भगवान ने मुफ्त दी हैं। और जैसे रोटी घर में तैयार होती है, वैसे ही कपड़ा भी हमारे घर में बनना चाहिए।

—सरदार पटेल के भाषण, पृ. 419

* * *

इतिहास से शिक्षा लें

मैं आपको यह कहने के लिए आया हूँ कि हम हिंदुस्तान के पुराने इतिहास से शिक्षा लें। अपनी जिन गलतियों के कारण हम इतनी सदियों तक गुलाम रहे, जिनसे हमें शर्मिंदा होना पड़ा, उनसे अब हम बचने की कोशिश करें। आज हम आजाद हुए हैं, और अब हिंदुस्तान के सुपुत्रों का यह कर्तव्य है कि वे अपने देश को फिर कभी गुलाम न बनने दे।

— भारत की एकता का निर्माण, पृ. 17

* * *

ईश्वर

ईश्वर की गति अकल्प और अगम्य है। अतः उत्तम मार्ग यही है कि ईश्वर पर श्रद्धा रखकर हम अपना कर्तव्य करते रहें। और सब बातें बेकार हैं। मनुष्य का सोचा कुछ होता नहीं।

—सरदार पटेल की अनुभव-वाणी, पृ.115

* * *

ईश्वर जब तक हमें इस संसार में रखे, तब तक हम अपना कर्तव्य करते रहें, और जाने वालों का शोक न करें। तभी कहा जाएगा कि हमने इस क्षणभर में नष्ट हो जाने वाले संसार का सार समझ लिया है। जब तक हमें जीना है तब तक हमारा शरीर चंगा रहे, और हम लोगों के भले का काम कर सकें, तो जीवन में हमें पूरा रस मिलना चाहिए।

—सरदार पटेल की अनुभव-वाणी, पृ. 111

* * *

उत्साह

उतावले उत्साह से बड़ा परिणाम निकलने की आशा नहीं रखनी चाहिए। उत्साह में आए हुए कार्यकर्ताओं का उत्साह मंद पड़ने पर वह भाररूप बन सकता है। इसलिए इस विषय के बारे में हर तरफ से पूरा विचार करके निश्चय करना चाहिए।

—सरदार पटेल के भाषण, पृ. 63

* * *

एकता

अब सब सावधान रहें, पूरी तरह जाग्रत् रहें और गाफिल न रहें। सरकार एक भी उपाय बाकी नहीं छोड़ेगी, आपमें फूट डालेगी, आपस में झगड़े कराएगी, कुछ-न-कुछ फितूर करेगी; मगर आप अपने तमाम निजी और गाँव के झगड़ों को, अभी लड़ाई के दिनों में कुएँ में डाल दीजिए; लड़ाई खत्म होने तक ऐसी हर एक बात को भूल जाइए; बाद में चाहें तो सब याद करके लड़ लेना। और चाहें तो इस तरह बाद में लड़ने के निश्चय के दस्तावेज लिखकर, पेटियों में सँभालकर रख लीजिए। मगर अभी तो बाप-दादों का वैर भी भूल जाएँ। जन्मभर जिनके साथ न बोले हों और अबोला रखा हो, उसके

साथ भी आज बोलिए।

—सरदार पटेल के भाषण, पृ. 141

* * *

एका अगर हममें हो जाए, तो सरकार अपने-आप खत्म हो जाए। सरकार हमें बंदूक दिखाकर अदालतों में नहीं बुलाती। हमीं माया-जाल में फँसकर अदालतों में दौड़े जाते हैं। हम गाँव में से ही दो आदमी ऐसे अच्छे ढूँढ़ निकालें, जिनके द्वारा हमारा न्याय हो सके।

—सरदार पटेल के भाषण, पृ. 28

* * *

कर्तव्य

कर्तव्यनिष्ठ पुरुष कभी निराश नहीं होता।

—सरदार पटेल के भाषण, पृ. 178

* * *

जब तक जीवित रहें तब तक हम अपना कर्तव्य करते रहें, तो उसमें हमें पूरा आनंद मिलना चाहिए।

—सरदार पटेल की अनुभव-वाणी, पृ. 111

* * *

यह सच है कि पानी में तैरने वाले ही डूबते हैं, किनारे खड़े रहने वाले नहीं। मगर ऐसे लोग तैरना भी नहीं सीखते।

—सरदार पटेल के भाषण, पृ. 375

* * *

राज्य अपना धर्म पालन करे या न करे, मगर हमें तो अपना कर्तव्य पूरा करने के लिए तैयार रहना चाहिए।

—सरदार पटेल के भाषण, पृ. 417

* * *

हमें जहाँ से खाने को मिलता है, उस स्थान के प्रति भी हमारा कुछ कर्तव्य है। जिस माता के स्तनों का दूध पीते हैं, उसके प्रति अपना धर्म-पालन करना चाहिए।

—सरदार पटेल के भाषण, पृ. 369

* * *

कष्ट

कष्ट तो उसे दिया जा सकता है, जिसकी आत्मा—जिसका मन दुर्बल है। जो देश के लिए सिर हथेली में लिए फिरते हैं, 'सिर जावे तो जावे, पर आदमी घर आवे' का मंत्र जपते हैं, उन्हें सरकार की रोटियाँ क्या दुःख दे सकती हैं।

—सरदार पटेल के भाषण, पृ. 236

* * *

जैसे प्रसव-वेदना के बाद राहत मिलती है, उसी तरह ज्यादती के बाद ही फतह होती है, आराम होता है। यहाँ सारे देश की मुक्ति का सवाल है। सरकार जुल्म करेगी, तभी कुछ होगा। मैं तो आज हूँ, कल नहीं। मगर मैं यह चाहता हूँ कि किसान नामर्द न रहें। वे तैयार न होंगे, तो हिंदुस्तान का नाश हो जाएगा।

—सरदार पटेल के भाषण, पृ. 229

* * *

काम

अब जमाना बदल गया है। अब हमें इंसाफ से और वफादारी से काम करना है। जितना पैसा हम लेते हैं, उसको हराम नहीं करना है। हमें पूरा काम करना है। न हो सके तो हट जाएँ।

— भारत की एकता का निर्माण, पृ. 50

* * *

जो काम कल करने का है, उसकी बातों में ही आज का काम बिगड़ जाएगा। और आज के काम के बिना कल का काम नहीं होगा। हम अपने फर्ज से चूकेंगे। आज का काम कीजिए, तो कल का काम अपने आप हो जाएगा।

—सरदार पटेल के भाषण, पृ. 319

* * *

कानून

कानून का केवल शब्दार्थ करके माने जाने वाले अपराधों के लिए गैरमामूली, सख्त, शेखी-भरी घोषणाओं की गर्जना, और सरकार के खाँड़े

की खड़बड़ाहट से लोगों में उपहास के सिवाय और कुछ उत्पन्न नहीं होता।

—सरदार पटेल के भाषण, पृ. 72

❋ ❋ ❋

कायरता

आपकी कायरता का बोझा दूसरे पड़ोसियों पर पड़ता है, और उसका असर दूसरों पर भी होता है। इसलिए आपको मजबूत बनना चाहिए। और ऐसा हो तो पड़ोसियों का काम सरल बन जाएगा। यह समझ लेना चाहिए कि अब कायरता से काम नहीं चलेगा।

—सरदार पटेल के भाषण, पृ. 382

❋ ❋ ❋

जब जानवर भी तंग आकर सींग उठाता है, तब मनुष्य अपनी बहन-बेटी पर खतरा आने से भाग जाए, तो वह जानवर से भी बदतर कहलाएगा। इसलिए हमें अपने में से कायरता निकाल देनी चाहिए।

—सरदार पटेल के भाषण, पृ. 567

❋ ❋ ❋

मैं मानता हूँ कि जो प्रजा थप्पड़ खाकर बैठी रहती है, वह हिंदुस्तान के लिए एक बोझा है।

—सरदार पटेल के भाषण, पृ. 382

❋ ❋ ❋

किसान

अगर हम अपने गरीब गुलामों जैसे किसानों को मनुष्य बनाना चाहते हों, तो उनमें स्वेच्छा से आत्मत्याग और कष्ट सहन करने की आदत डालनी चाहिए। उनके साथ जीता-जागता संपर्क साधे बिना आप ऐसा नहीं कर सकते।

—सरदार पटेल के भाषण, पृ. 195

❋ ❋ ❋

आप तो जगत् के अन्नदाता हैं। आप जैसा पवित्र दुनिया में और कौन है? मैं यह नहीं कहता कि आप निर्दोष हैं, मगर यदि कोई संसार में कम-से-कम पापी मनुष्य है, जो अपने पसीने की कमाई खाता हो, तो वह आप हैं। और आप तो अपने पसीने की कमाई भी पूरी खाए बिना, औरों के पेट भरते हैं। आप

न हों, तो दुनिया का घड़ीभर भी काम नहीं चल सकता। और दुनिया का न चले, तो जमींदार का तो चल ही कैसे सकता है?

—सरदार पटेल के भाषण, पृ. 210

* * *

किसान और मजदूर

किसान और मजदूर में वैरभाव बढ़ने से, इस जमीन की पैदावार बढ़ने के बजाय घट जाएगी। किसान और मजदूर के बीच मीठा संबंध होना चाहिए। मजदूर को जानवर नहीं समझना चाहिए।

—सरदार पटेल के भाषण, पृ. 405

* * *

सारी दुनिया किसान के आधार पर टिकी हुई है। दुनिया का आधार किसान और मजदूर पर है। फिर भी सबसे ज्यादा जुल्म कोई सहता है, तो ये दोनों ही सहते हैं। क्योंकि ये दोनों बेजुबान होकर अत्याचार सहन करते हैं।

—सरदार पटेल के भाषण, पृ. 147

* * *

खादी

अगर हिंदुस्तान में रहने वाले करोड़ों लोगों के प्रतिनिधि बनना हो, तो खादी के बिना काम नहीं चलेगा। अगर उनके प्रतिनिधि बनना हो, स्वराज्य लेना हो, तो हाथ का बुना और हाथ का कता कपड़ा पहनना चाहिए।

—सरदार पटेल के भाषण, पृ. 456

* * *

हिंदुस्तान की आजादी इस खादी में ही है। हिंदुस्तान की सभ्यता खादी में ही है। हिंदुस्तान में जिसे हम परमधर्म मानते हैं, वह अहिंसा खादी में ही है और हिंदुस्तान के किसानों का, जिनके लिए आप इतनी भावना दिखाते हैं, कल्याण भी खादी में ही है।

—सरदार पटेल के भाषण, पृ. 243

* * *

गरीब

जो गरीब लोग आज हमारे सामने झुक जाते हैं, उनको सिखाना है कि

इनसान को इनसान के सामने नहीं झुकना, खुदा के सामने, सिर्फ ईश्वर के सामने झुकना है। हमें उनको अपना भाई, अपना सहोदर बनाना है।

—भारत की एकता का निर्माण, पृ. 54

❋ ❋ ❋

गलती न करें

अपने जीवन में हम जो कुछ कर पाते हैं, वह कोई बड़ी बात नहीं, जिसके लिए हम मगरूरी ले सकें। क्योंकि जो कुछ हम करते हैं, उसमें हमारा क्या भाग है? असल में करानेवाला तो खुदा है। इनसान तो खाली एक हथियार बनता है। इनसान यदि जागता हो—तो उसका यह धर्म हो जाता है कि हमेशा प्रार्थना करे, और उससे कोई गलती न हो।

—भारत की एकता का निर्माण, पृ. 82

❋ ❋ ❋

गुरु-भक्ति

महाभारत में द्रोणाचार्य का एक भील शिष्य था, जिसने द्रोणाचार्य के मुँह से एक भी उपदेश नहीं सुना था। परंतु वह गुरु का मिट्टी का पुतला बनाकर उसका पूजन करता था—और उसके पैरों पड़कर द्रोणाचार्य की विद्या सीख गया। जितनी विद्या उसने प्राप्त की थी, उतनी द्रोणाचार्य के और किसी शिष्य ने प्राप्त नहीं की थी। इसका क्या कारण है? कारण यह है कि उसमें गुरु के प्रति भक्ति थी, श्रद्धा थी, उसका दिल साफ था, और उसमें योग्यता थी। आप मुझे जिनका शिष्य कहते हैं, वे गुरु तो हमेशा मेरे पास मौजूद हैं। इसमें मुझे कोई शंका नहीं कि उनका पट्ट शिष्य तो क्या, बहुत से शिष्यों में से एक शिष्य होने लायक योग्यता भी मुझमें नहीं है।

—सरदार पटेल के भाषण, पृ. 159

❋ ❋ ❋

गृह-उद्योग

किसान का गुजर सिर्फ खेती पर हरगिज नहीं चल सकता। जिसके पास लंबी-चौड़ी जमीन होगी, जो विशेष बुद्धि रखता होगा और जो विशेष मेहनत करता होगा—वही गुजर चला सकेगा। आजकल जमीन के टुकड़े होते जा रहे हैं। ऐसी हालत में खेती के साथ, फुरसत में घर बैठ करने का

उद्योग हो, तो ही किसान का काम चल सकता है।

—सरदार पटेल के भाषण, पृ. 104

❋ ❋ ❋

गृहस्थ

सच्चा गृहस्थ वह कहलाता है, जो एक विषय में पूरा-पूरा ज्ञान प्राप्त कर ले। हर एक विद्यार्थी को भी किसी एक विषय में संपूर्ण ज्ञान प्राप्त करना चाहिए। बाकी के विषयों में अपूर्ण हो तो भी काम चल सकता है। परंतु सभी विषयों में अपूर्ण रह जाए, तो उसका इस दुनिया में काम नहीं चल सकता। हाथ-पैरों का उपयोग ज्यादा होना चाहिए। मस्तिष्क और हाथ-पैरों के बीच कोई अंतर नहीं होना चाहिए।

—सरदार पटेल के भाषण, पृ. 402

❋ ❋ ❋

ग्रामसेवक

ग्रामसेवक को दो बातें जान लेनी चाहिए। पहली यह कि वह बिना कारण न बोले। दूसरी बात यह है कि वह कभी यह इच्छा न रखे कि उसके काम की प्रसिद्धि हो। प्रसिद्धि अकसर कठिनाई पैदा करती है, जब कि कोने में छिपे रहने वाले का काम शोभायमान और प्रसिद्ध हो जाता है।

—सरदार पटेल के भाषण, पृ. 301

❋ ❋ ❋

चरित्र

तुम एक भी पुस्तक न पढ़ो तो काम चल सकता है। चरित्र का विकास होगा, तो बुद्धि का विकास तो हो ही जाएगा। पुस्तकें पढ़ने वाले हमेशा सच्चरित्र ही होते हैं सो बात भी नहीं है। विद्याविलासियों में चरित्रवान भी होते हैं और भोग विलासी भी होते हैं, ऐसा मेरा अनुभव है। चरित्र-शुद्धि कठिन काम है। मगर उद्यमी जीवन बिताने वाले को चरित्र-भंग के अवसर कम आते हैं।

—सरदार पटेल के भाषण, पृ. 214

❋ ❋ ❋

यह ध्यान रखना कि तुम्हारी इज्जत पर कोई हाथ न डालने पाए—

एकता पैदा करो और चरित्र का विकास करो।

—सरदार पटेल के भाषण, पृ. 216

❋ ❋ ❋

छात्राएँ

पाठशालाओं या कॉलेजों में पढ़नेवाली छात्राओं को ऐश-आराम को नहीं, बल्कि मेहनत करने की आदत डालनी चाहिए। छात्रों में यह बुराई आ गई है। वे यह मानते हैं कि परिश्रम करना नौकर-चाकरों का, गँवारों का काम है। यह बहुत बुरी बात है। हाथ-पैर चलाने में ही सच्ची शोभा है। हम मजदूर की तरह नहीं, बल्कि ज्ञानपूर्वक मेहनत करें।

—सरदार पटेल के भाषण, पृ. 586

❋ ❋ ❋

टीका-टिप्पणी

आज भारत में कुछ इस प्रकार का वायुमंडल प्रचलित है, कि जिसमें दूसरों की व्यर्थ टीका, और दूसरों के उद्देश्यों और नीयत पर आक्षेप लगाने में ही देशभक्ति और देशसेवा समझी जाती है। पिछले रचनात्मक कामों के खंडहर के बल पर एक नया मकान बनाने की चेष्टा की जाती है। देश के जीवन को नींव से ही इस प्रकार उखाड़ने का जो प्रयत्न करते हैं, उनका भविष्य क्या होगा—उसमें न तो मुझे कोई शंका है, और न कोई शंका की गुंजाइश है। *—भारत की एकता का निर्माण, पृ. 215*

❋ ❋ ❋

दब्बू न बनिए

आप जानते हैं कि एक कुम्हार भी गधे पर पहले एक मन बोझा रखता है, उसे वह ले जाए तो फिर आधा मन बोझा बढ़ा देता है, और इस तरह करते-करते उससे दो मन बोझा खिंचवाता है। किसी तरह आप जैसे-जैसे बोझा सहन करते जाते हैं, वैसे-वैसे सरकार भी आप पर ज्यादा बोझा डालती जाती है। आपने अभी तक जो बोझा सहन किया है, उसे फेंक दीजिए और निर्भय होकर बैठ जाइए। जो सत्य है उसका अनुसरण कीजिए फिर सरकार भी कहेगी कि जनता नामर्द नहीं है। *—सरदार पटेल के भाषण, पृ. 4*

❋ ❋ ❋

दया

जिसने गाँवों का दु:ख न देखा हो, उसे असली दु:ख की कल्पना होना मुश्किल है, और इसलिए झूठे दु:ख के भुलावे में आकर उनके हाथों दयावृत्ति का दुरुपयोग होना संभव है।

—सरदार पटेल के भाषण, पृ. 127

* * *

दु:ख सहन किए बिना सुख नहीं मिलता, और मिल जाए तो वह लंबे समय तक टिकता नहीं। मजबूत और दृढ़ विचारों की जनता हो, इसी में राज्य की शोभा है। नालायक और डरपोक प्रजा की वफादारी में सार नहीं। डर और स्वाभिमान की रक्षा करने वाली वफादार प्रजा ही सरकार को शोभा देती है।

—सरदार पटेल के भाषण, पृ. 34

* * *

दु:ख ही सुख का मूल है। *—सरदार पटेल के भाषण, पृ. 234*

* * *

पिछला दुखड़ा रोना कायरों का काम है। हिसाब लगाकर मुकाबले की तैयारी करना बहादुरों का काम है। दु:ख के समय हम प्रजा के पास दौड़कर जाएँ, यह ठीक है। परंतु काम ऐसा करना चाहिए कि जिससे आइंदा ऐसा दु:ख पैदा ही न हो।

—सरदार पटेल के भाषण, पृ. 474

* * *

दूरदर्शिता

बुद्धिमान मनुष्यों को दूरदर्शिता रखनी चाहिए। तात्कालिक स्वार्थ न साधकर, भविष्य का विचार करना ही कर्तव्य है।

—सरदार पटेल के भाषण, पृ. 587

* * *

देशभक्त

सत्ताधीशों की सत्ता उनकी मृत्यु के साथ ही समाप्त हो जाती है, जबकि महान् देशभक्तों की सत्ता उनके मरने के बाद ही सचमुच काम करती है। लोग उनके जीवन का अनुकरण करने की कोशिश करते हैं, उनके गुण

गाते हैं और दिन-रात उन्हें याद करते हैं।

—सरदार पटेल के भाषण, पृ. 10

* * *

देशसेवा

देश की सेवा करने में जो मिठास है, वह और किसी चीज में नहीं है।

—सरदार पटेल के भाषण, पृ. 259

* * *

दोष

अपने मित्रों की त्रुटियों की तरफ उँगली उठाने का काम बड़ा मुश्किल होता है, और उसकी कदर होने की बहुत कम सँभावना होती है।

—सरदार पटेल के भाषण, पृ. 262

* * *

एक-दूसरे के खिलाफ बक-झक करने और संघर्ष करने से फायदा नहीं है।

—सरदार पटेल के भाषण, पृ. 468

* * *

जो आदमी अपना दोष जानता है और उसे स्वीकार करता है, वह ऊँचा उठता है। जो अपने दोष को समझता नहीं, अथवा समझकर भी उसे छिपाता है, वह नीचे गिरता हैं।

—सरदार पटेल की अनुभव-वाणी, पृ. 74

* * *

हममें जितने दोष हों, उन सबको हमें छोड़ना चाहिए।

—सरदार पटेल के भाषण, पृ. 30

* * *

धर्म

अंत तक जिसे अपना धर्म माना है, उसका पालन करते-करते ही यह शरीर छूट जाए, तो इससे सुंदर और क्या हो सकता है? ईश्वर को जो पसंद होगा—वही होगा। उसकी इच्छा के वश होना—यही हमारा धर्म है।

—सरदार पटेल की अनुभव-वाणी, पृ. 110

* * *

धर्म सिर्फ मंदिर में जाने में और कबूतरों को अनाज डालने में तथा चींटियों को आटा खिलाने में ही नहीं है। लाखों आदमी कपड़े के बिना दु:ख पा रहे हैं। इसलिए हमारा पहला धर्म तो यह है कि घर-घर चरखे चालू कराएँ।

—सरदार पटेल के भाषण, पृ. 29

* * *

नम्रता

जीत होने के बाद हममें नम्रता और निरभिमानता आनी चाहिए, और अगर वह न आए तो यही कहा जाएगा कि हमने घमंड किया।

—सरदार पटेल के भाषण, पृ. 101

* * *

निर्बलों की रक्षा

निर्बलों की रक्षा करना राज्य का धर्म है। सबल तो अपनी रक्षा आप कर सकते हैं; परंतु कमजोर की रक्षा राज्य न करे तो और कौन करेगा?

—सरदार पटेल के भाषण, पृ. 176

* * *

एक ही बात ध्यान में रखनी है, कि मरना एक ही बार है। हर एक के लिए रस्सी और बाँस के सिवाय और कुछ है ही नहीं। आपके पास ऐसी कोई चीज है, जिसे आप साथ ले जाते हैं? आप क्यों डरते हैं? आप वह बात भूल जाते हैं कि मुझे और आपको पैदा करने वाला एक ही है। आप पवित्र बनिए, अपने ऐब निकाल डालिए, तो फिर किसी का डर नहीं। जिस क्षण आप निडर हो जाएँगे, उसी क्षण आप स्वतंत्र हैं।

—सरदार पटेल के भाषण, पृ. 30-31

* * *

नेक बनें

मैं हिंदुस्तान के एक वफादार सिपाही की जगह खड़ा रहना चाहता हूँ, और यदि वफादारी के इस मार्ग में एक कदम भी चूक जाऊँ—मैं खुदा से प्रार्थना करूँगा कि मेरा जीवन उसी समय खत्म हो जाए। क्योंकि इनसान की असली कदर तो उसके जीवन के बाद होती है। मरने तक जो गलती नहीं

करता, तभी उसका जीवन ठीक होता है। लेकिन ऐसे लोग कितने हैं, जिन्हें यकीन हो कि वे गलती नहीं करेंगे? ऐसा दावा कौन कर सकता है? तो हमारी प्रार्थना होनी चाहिए कि जब तक खुदा हमें जिंदगी दे, तब तक हम सही रास्ते पर चलें और कोई गलती न करें। बड़ी नम्रता से हमें खुदा से यही प्रार्थना करनी चाहिए।

—भारत की एकता का निर्माण, पृ. 81

* * *

नैतिकता

हमारे पास नैतिक बल है। एक-एक कदम हिसाब लगाकर उठाया जाता है। हमें ईश्वर का और जगत् का साथ है। हमें तैयारी करनी है। हमें तो शराफत से स्वतंत्रता लेकर दुनिया को बताना है।

—सरदार पटेल के भाषण, पृ. 432

* * *

हर कौम या हर राष्ट्र खाली तलवार से वीर नहीं बनता। तलवार तो अपनी रक्षा के लिए जरूरी बात है, लेकिन राष्ट्र के प्रगति का माप उसकी नैतिक प्रगति से ही किया जा सकता है।

—भारत की एकता का निर्माण, पृ. 195

* * *

न्याय

अगर आपको अच्छी तरह खयाल हो कि आपकी बात सच्ची है, यह अन्याय है और उसका सामना करना आपका धर्म है,यह बात आपके दिल में पैदा हो गई हो, तो आपके खिलाफ सरकार की पूरी शक्ति कुछ नहीं कर सकेगी।

—सरदार पटेल के भाषण, पृ. 138

* * *

पंचायतें

पंचायतें तो ऐसी होनी चाहिए जो गरीबों की रक्षा करती हों और जिनके जरिए सारी जाति का पुनरुद्धार होने लगे।

—सरदार पटेल के भाषण, पृ. 159

* * *

परोपकार

किसी का भला हो तो उससे हमें खुश होना चाहिए।

—सरदार पटेल की अनुभव-वाणी, पृ. 116

* * *

परिश्रम

मुफ्त चीज मिलती है, तो उसकी कीमत कम हो जाती है। परिश्रम से पाई हुई चीज की कीमत ही ठीक-ठीक लगाई जाती है।

—सरदार पटेल के भाषण, पृ. 402-403

* * *

पुण्य

जो पुण्य और दान हम करेंगे, वही हमारी सच्ची कमाई कहलाएगी। वरना दुनिया से चले जाने के बाद हमारे पीछे कुछ रहने वाला नहीं है।

—सरदार पटेल की अनुभव-वाणी, पृ. 109

* * *

प्रतिज्ञा

इस देश में प्रतिज्ञा की महिमा अनादिकाल से चली आई है। वचन की खातिर ही रामचंद्रजी राजपाट छोड़कर निकले थे। ऐसे आदमी जहाँ रहते हैं, वहाँ भगवान का निवास होता है। ऐसी कठोर प्रतिज्ञा का पालन करनेवाले मनुष्य ही हमें स्वराज्य दिलवाएँगे। ऐसे लोगों की तपश्चर्या से ही हमारी शक्ति बढ़ी है।

—सरदार पटेल के भाषण, पृ. 406

* * *

प्रेम

कठोर-से-कठोर हृदय को भी प्रेम से वश में किया जा सकता है, और विरोधी की कठोरता के परिणाम में हमारा प्रेम भी उतना ही प्रबल होगा—तो हम जरूर जीत सकते हैं।

—सरदार पटेल के भाषण, पृ. 7

* * *

प्रेरणा

इस मौके पर जो अपना मुँह छिपाएँगे, इस लड़ाई में जो अपना योग्य स्थान नहीं लेंगे, उनका नाम इतिहास में काले अक्षरों में लिखा जाएगा। इसलिए आप सब अपना-अपना धर्म समझ लीजिए, हिम्मत और दृढ़ता से लड़ाई को आगे बढ़ाते रहिए, और अंत में विजय प्राप्त कीजिए।

—सरदार पटेल के भाषण, पृ. 226

* * *

बड़प्पन

किसी को गाली देने या मारने में बड़प्पन नहीं, बड़प्पन है धर्म की खातिर कष्ट सहन करने में।

—सरदार पटेल के भाषण, पृ. 91

* * *

बराबर हक और अवसर

मैं बड़े अदब से कहूँगा, और मुसलमानों से उनके खुद के इन्ट्रैस्ट के लिए, उनके खुद के हित के लिए कहूँगा—कि वे अपने को पूरी तरह हिंदुस्तानी समझें। क्योंकि हमारा तात्पर्य यह है कि हिंदू और मुसलमानों को हर तरह से, एक ही प्रकार के हक और एक ही प्रकार की जिम्मेदारी होनी चाहिए। बराबर हक और बराबर अवसर उन्हें मिलना चाहिए, और उसमें कोई फर्क नहीं होना चाहिए। लेकिन इसके लिए हिंदू और मुसलमान दोनों को हिंदुस्तानी बनना पड़ेगा। उसके लिए जितना जल्दी तैयार हों, उतना अच्छा है। हो सकता है कि कई आदमियों के दिल में यह हो कि पाकिस्तान उनके लिए ठीक स्थान है। उनसे मेरी नम्र प्रार्थना है कि हमारी तरफ से कोई रुकावट नहीं होगी। जितनी जल्दी चले जाओ, उतना ही अच्छा है। इधर मुसलमानों के लिए भी यही अच्छा है।

— भारत की एकता का निर्माम, पृ. 89

* * *

बलिदान

सच्चा बलिदान हमेशा पारमार्थिक होता है। उसमें कोई नफा-नुकसान का हिसाब नहीं होता। उसमें किसी बदले की अपेक्षा नहीं होती, और उसमें किसी

तरह की निराशा या पछतावे के लिए भी स्थान नहीं होता। अब अपनी जमीन और घर-बार की कुरबानी करने के बाद आप भीतर-ही-भीतर उसकी चिंता करते रहेंगे, तो आपका त्याग बेकार हो जाएगा और सारी शक्ति नष्ट हो जाएगी और किसी मनुष्य के उपचार करने पर भी उसका मन अच्छा-अच्छा खाने का ही विचार करता रहता हो, तब जैसा होता है—वैसे ही दुनिया आप पर दया करेगी और आपको धिक्कारेगी। ऐसा मनुष्य घृणा का पात्र और दंभी माना जाता है, और उसकी कोई गिनती नहीं होती। मगर यदि आपके किए हुए सांसारिक वस्तुओं के त्याग के साथ-साथ—अंदर भी त्याग की भावना पैदा हुई होगी, तो दुनियावी चीजों की आपकी हानि, आपको निराश करने या आपकी आत्मा को कुंठित करने के बजाय आपकी आत्म-शुद्धि का साधन बन जाएगी—और दूसरों की सेवा के लिए आपको अधिक योग्य और अधिक अच्छा बनाएगी।

—सरदार पटेल के भाषण, पृ. 269-270

❋ ❋ ❋

बहादुर

जो जन्म लेता है वह मरता है, सो जानते हैं? मृत्यु बिना किसी का छुटकारा नहीं। नामर्दों की तरह मरने के बजाय, बहादुरों और इज्जतवालों की मौत मरना सीखिए। तोपों के धड़ाके होते हों, हवाई जहाजों से बम गिरते हों और टपाटप मनुष्य मरते हों, तब भी इतिहास में नाम तो होता है।

—सरदार पटेल के भाषण, पृ. 220

❋ ❋ ❋

बहुमत का आदर

जनसेवा का काम करने वाली संस्थाओं में मतभेद या विचार-भेद हो सकता है। फिर भी जहाँ महान् सिद्धांत का प्रश्न न हो और अंतरात्मा को दबाने का प्रश्न न हो, वहाँ एक-दूसरे के विचारों या मतों में चाहे जैसा तीखा भेद हो, तो भी बहुमत का आदर करके उसके अनुकूल हमें बन जाना चाहिए। हमसब लोग हमेशा एकमत नहीं हो सकते। इसी प्रकार हर समय हम जैसा सोचें, वैसा भी हरगिज नहीं हो सकता।

—सरदार पटेल की अनुभव-वाणी, पृ. 108

❋ ❋ ❋

बाल-विवाह

अगर मेरी सत्ता हो, तो जो बारह-तेरह वर्ष की लड़कियों की शादी कर देते हैं, उन्हें बंदूक से मारने या फाँसी के तख्ते पर लटकाने का कानून पास कराऊँ। चौदह-पंद्रह वर्ष की लड़कियाँ माँ बन जाएँ, बहुत-सी बाल-विधवाएँ हो जाएँ, तो फिर अकाल नहीं पड़ेगा तो क्या होगा?

—सरदार पटेल के भाषण, पृ. 106

❋ ❋ ❋

बुद्धि

आज के जमाने में कोई कौम यह दावा नहीं कर सकती कि वही मार्शल है। वे दिन चले गए, जब इस तरह की बातें सोची जाती थीं...तो यह किसी कौम का दावा नहीं कि तलवार सिर्फ उसी के हाथ में है। आजकल एटम बम का जमाना है, अक्ल का जमाना है। अब अकेली जिस्मानी ताकत काम नहीं कर सकती। आज अक्ल वाले के हाथ में ही सबकी बागडोर है।

—भारत की एकता का निर्माण, पृ. 84-85

❋ ❋ ❋

बेकार

बेकार मत बैठिए। बेकार बैठनेवाला सत्यानाश कर डालता है। इसलिए आलस्य छोड़िए। रात-दिन काम करने वाला इंद्रियों को आसानी से वश में कर लेता है। *—सरदार पटेल के भाषण, पृ. 421*

❋ ❋ ❋

भोजन

बहुत गरम भोजन नहीं खाना चाहिए। बासी और ठंडा भोजन भी नहीं खाना चाहिए। चाय और आइसक्रीम का त्याग करना चाहिए। दाँतों की अच्छी तरह सँभाल रखनी चाहिए। दाँत अच्छी तरह साफ करने चाहिए। भोजन के बाद मुँह को अच्छी तरह साफ करके दाँत साफ करने चाहिए। रात में सोने से पहले दाँतों की सफाई करनी चाहिए। कपड़े अच्छी तरह साफ-सुथरे रखने चाहिए। शरीर को स्वच्छ रखना चाहिए। ये सब आदतें हमारे लिए स्वाभाविक हैं।

—सरदार पटेल की अनुभव-वाणी, पृ. 114

❋ ❋ ❋

मेरा ऐसा निश्चित मत है कि मजदूर-वर्ग का कल्याण इसी में है कि उनकी समस्याओं को अराजनीतिक दृष्टि से देखा जाए और हल करने का प्रयत्न किया जाए। अर्थात् मजदूर-वर्गों के हितों की दृष्टि में ही देखकर उन्हें हल किया जाए। कम्युनिस्टों की फिलॉसफी इनसे भिन्न है। कुछ दूसरे लोग, कम्युनिस्टों ने मजदूरों की समस्याओं को जिस तरीके से हल करने का प्रयत्न किया है, उसके साथ सहानुभूति रखते हैं, यद्यपि उस तरीके ने मजदूर वर्गों को नुक़सान पहुँचाया है।

—सरदार का पत्र आ. एस. साईकर को 13-अक्तूबर, 1947

* * *

मन

शरीर की रक्षा का आधार बहुत-कुछ हमारे मन पर रहता है। सुख-दुःख को समान मानने की आदत हमें डालनी चाहिए, और अस्वाद व्रत का स्मरण करना चाहिए। इससे जीभ मान जाती है, और शरीर भी समझ जाता है।

—सरदार पटेल की अनुभव-वाणी, पृ. 113

* * *

मर्यादा

आप अपनी शक्ति के अनुसार ही अपनी मर्यादा निश्चित करें।

—सरदार पटेल की अनुभव-वाणी, पृ. 87

* * *

मित्रता और एकता

आज के हालात में यदि हुकूमत रखनी है, तो सबको आपस में झगड़ा नहीं करना चाहिए। यह लोकराज है, सबको एक रहना है। हमें एकदिल होकर काम करना चाहिए। तुम आपस में झगड़कर हमारे मुल्क की तरक्की रोक रहे हो। तुममें इत्तफाक होना चाहिए। एक-दूसरे का मैल धो देना चाहिए, एक ही आवाज से काम करना चाहिए।

— भारत की एकता का निर्माण, पृ. 86

* * *

मिलकर काम करें

अगर हम गरीबों और अछूतों से सहानुभूति जताकर उनका साथ दें, और उनके साथ कपड़ा बुनने का काम भी कर सकें, तो उससे देश का कल्याण ही होगा। इस प्रकार के रचनात्मक काम में न लगकर अगर हम सब लोग सिर्फ गवर्नमेंट से ही उम्मीद करेंगे, और गवर्नमेंट की शिकायत करते रहेंगे कि उसने यह नहीं किया, वह नहीं किया, तो उससे काम नहीं चलेगा।

— भारत की एकता का निर्माण, पृ. 118

* * *

युवकों से

आप नौजवान लोग जो 'क्रांति की जय' और 'साम्राज्यवाद का क्षय' आदि नारे लगाते हैं, उनसे मैं पूछता हूँ कि क्या आप इनका अर्थ भी समझते हैं? या जैसे तोता राम-राम रटता है, वैसे ही नारे लगाते हैं? क्रांति (रिवोल्यूशन) कहाँ है, यह मुझे बताएँगे?...आप 'क्रांति-क्रांति' क्या करते हैं? आपने अपने जीवन में तो क्रांति की नहीं। पुराने वहम और रीति-रिवाजों से आप चिपटे हुए हैं, परदा तोड़ने की आपमें हिम्मत नहीं। मौजूदा पाठशालाओं और विद्यालयों में जाकर आपको क्रांति करना है, सो कैसे होगी।

— सरदार पटेल के भाषण, पृ. 209

* * *

राष्ट्रकार्य में भाग लो

राष्ट्र के कार्यों में सहानुभूति दिखलाना ही काफी नहीं है, उनमें बुद्धिपूर्वक भाग लेना चाहिए। हमारी भाषा कुछ भी हो, मगर जिस प्रांत में रहें, वहाँ की भाषा हमें सीख लेनी चाहिए।

— सरदार पटेल के भाषण, पृ. 370

* * *

राष्ट्रीय एकता

जो राष्ट्रीय एकता हमने इतनी कठिनाई से प्राप्त की है, पहले उसे हम संगठित और एकरूप तो कर लें, उसके बाद हम और विभिन्नताओं की बात करें। हम उन्हीं बातों पर ध्यान दें, जिनसे कि एकता पैदा होती है, न कि उन

पर जो हमें अलग-अलग करती हैं।

— भारत की एकता का निर्माण, पृ. 115

❊ ❊ ❊

लड़ने का समय

निहत्थे स्त्री-पुरुषों और बच्चों को निर्दयता से मारना बहादुरों को शोभा नहीं देता, यह तो पशुता और जंगलीपन है। आप सब लोगों को लड़ाई में अपनी वीरता दिखाने के अवसर मिलेंगे, लेकिन हरेक को समय और परिस्थिति देखकर लड़ने की सोचना चाहिए।

— भारत की एकता का निर्माण, पृ. 60

❊ ❊ ❊

लोकतंत्र की आवश्यकता

लोकतंत्र और लोकतंत्री संस्थाएँ कुशलतापूर्वक काम तभी कर सकती हैं, जबकि जिस प्रदेश में इनका प्रयोग किया जाए, वह काफी हद तक आत्मनिर्भर हो। जब राज्य छोटे होने के कारण, अलग-अलग जगह में स्थित होने के कारण, या दैनिक जीवन में सभी आर्थिक मामलों में पड़ोसी स्वायत्त प्रदेश चाहे वह प्रांत हो या बड़ी रियासत, पर निर्भर रहने के कारण, या बड़े कारखाने खोलने के लिए साधनों की कमी के कारण, या अपनी जनता के पिछड़ेपन के कारण, या स्वायत्त प्रशासन का भार उठाने में असमर्थता के कारण आधुनिक प्रणाली की सरकार कायम नहीं कर सकती, तब लोकतंत्रीकरण और एकीकरण दोनों की आवश्यकता असंदिग्ध हो जाती है।

— भारत की एकता का निर्माण, पृ. 14

❊ ❊ ❊

लोकसेवक

लोकसेवक का जीवन बिताने वाले का शरीर मजबूत और कष्ट सहने की शक्ति रखनेवाला न हो, तो वह बहुत समय तक टिक नहीं सकता।

— सरदार पटेल की अनुभव-वाणी, पृ. 110

❊ ❊ ❊

वकील

वकील और यमराज के पास जाने से, यमराज के यहाँ जाना बेहतर है। दुनिया में भगवान के नाम पर जितना झूठ अदालतों में बोला जाता है, उतना और कहीं नहीं बोला जाता होगा।

—सरदार पटेल के भाषण, पृ. 208

* * *

वाणी

आपकी जबान में खुले तौर पर कुछ कहने की हिम्मत नहीं है, सिर्फ कोने में बोलने की आदत है। उसे निकाल डालिए। कोने में बैठकर बोलना व्यर्थ जाता है।

—सरदार पटेल के भाषण, पृ. 182–183

* * *

वाद-विवाद

हम समाजवाद, साम्यवाद और टीका–टिप्पणीवाद, इन सब वादों को छोड़ दें। वाद का समय जब आएगा, तब हम भी उन पर बातें कर सकते हैं। परंतु आज हमारे पास उनके लिए समय नहीं है।

—भारत की एकता का निर्माण, पृ. 199

* * *

विदेशी नीति

कोई भी विदेशी नीति, चाहे वह कितनी भी अच्छी तरह सोची हुई क्यों न हो, विदेशों में हमारी कोई संस्था, चाहे वह कितनी भी कुशल क्यों न हो, कोई विशेष असर नहीं डाल सकती, जब तक कि उसके पीछे एक ठोस शक्ति न हो। आज की अंतरराष्ट्रीय सभाओं में किसी मामले की विजय केवल इसी कारण नहीं होती है कि वह सच्चा है और उसमें नैतिक बल है। किसी सच्चे और बलवान मामले को भी, उसे प्रस्तुत करनेवाले देश की शक्ति और साख का समर्थन प्राप्त होना चाहिए।

—भारत की एकता का निर्माण, पृ. 115

* * *

विद्यार्थियों से

आप ऊँची शिक्षा पा रहे हैं, इसलिए अपने गरीब भाइयों को मत भूलिए। उनकी पसीने की कमाई से ही आपको शिक्षा मिल रही है। आप कैसी भी शिक्षा लीजिए, मगर ऐसे मत बन जाइए कि जब आप गरीब किसानों में जाएँ, तो जैसे मोटर को देखकर किसानों के बैल बिदकते हैं, वैसे किसान आपको देखकर बिदक जाएँ। आप विज्ञान की इतनी पढ़ाई कर रहे हैं, तो आपके विज्ञान के अध्ययन का परिणाम यह आना चाहिए, कि किसान एक बाल के बदले दो बाल पैदा करने लगें, अर्थात् पैदावार दुगनी हो जाए।

—सरदार पटेल के भाषण, पृ. 207

* * *

विद्रोही

चिल्लाहट मचानेवाले विद्रोह नहीं कर सकते। बगावत करनेवाले तो मूक होते हैं। वे अपना जोश अपने में भरे रखते हैं, और समय आने पर उसे बाहर निकालते हैं।

—सरदार पटेल के भाषण, पृ. 181

* * *

विद्वान्

विद्वान् तो बहुत होते हैं, लेकिन विद्या के साथ जीवन का आचरण करनेवाले कम ही हैं।

—भारत की एकता का निर्माण, पृ. 213

* * *

विनय

सेवा करनेवाले मनुष्य को विनय खूब सीखना चाहिए। वरदी पहनकर अभिमान नहीं, बल्कि खूब नम्रता आनी चाहिए। हमारा व्यवहार ऐसा होना चाहिए, जिससे हमारे लिए लोगों में आदर पैदा हो। सबको ऐसा लगे कि ये सेवा करनेवाले हैं।

—सरदार पटेल के भाषण, पृ. 609

* * *

विरोधी दल

जो डेमोक्रेटिक (लोकतंत्र) संस्था होती है, उसमें विरोधी दल का स्थान होता है। वह टीका-टिप्पणी करता ही रहता है। यह उसका धर्म है।

—सरदार पटेल के भाषण, पृ. 506

* * *

विविधता में एकता

हमारा पहला काम अपने इखलाक को मजबूत बनाना है। हिंदुस्तान में जितने मजहब हैं, अलग-अलग कौमें हैं, अलहदा-अलहदा रंग हैं, अलग-अलग कपड़े हैं, यहाँ तक कि बाल बनाने के ढंग भी अलहदा-अलहदा हैं। इस मुल्क में सब चीजें अलहदा-अलहदा हैं। दुनिया की हालत देखकर हमें सोच-समझकर काम करना चाहिए। खाली तलवार से या धमकी से काम नहीं चलेगा। इनसे तो काम बिगड़ेगा।

—भारत की एकता का निर्माण, पृ. 85

* * *

विश्वास

विश्वास रखकर आलस्य छोड़ दीजिए, वहम मिटा दीजिए, डर छोड़िए, फूट का त्याग कीजिए, कायरता निकाल डालिए, हिम्मत रखिए, बहादुर बन जाइए और आत्मविश्वास रखना सीखिए। इतना कर लेगे तो आप जो चाहेंगे, अपने आप आ मिलेगा। दुनिया में जो जिसके योग्य है, वह उसे मिलता ही है।

—सरदार पटेल के भाषण, पृ. 319

* * *

शक्ति

आज तो सरकार जंगल में घूमनेवाले हाथी की तरह मदोन्मत्त हो गई है, जो अपनी चपेट में आनेवाले हर किसी को कुचल डालता है। पागल हाथी मद में यह मानता है कि जब मैंने शेर-चीतों को मारा है, तो मेरे सामने मच्छर की क्या गिनती! लेकिन मैं मच्छर को समझाता हूँ, कि इस हाथी को जितना घूमना हो उतना घूमने दे, और बाद में मौका देखकर उसके कान में घुस जा, क्योंकि इतनी शक्तिवाला हाथी भी, कान में मच्छर के घुस जाने पर तड़प-तड़पकर, सूँड़ पछाड़ते हुए जमीन पर लौटने लगता है। मच्छर क्षुद्र है,

इसलिए उसे हाथी से डरना चाहिए, ऐसी बात नहीं है।

—सरदार पटेल के भाषण, पृ. 145

* * *

शराब-बंदी

इस पवित्र देश में रहनेवाली हिंदू और मुसलमान दोनों जातियों के धर्म में शराब पीने की मनाही की गई है। ऐसी हालत में राज्य की आमदनी बढ़ाने के लिए, विदेशी हुकूमत के आबकारी विभाग की नकल करके शराब का व्यापार और प्रचार करना महापाप है।

—सरदार पटेल के भाषण, पृ. 175

* * *

हिंदुस्तान के भूखों मरनेवाले गरीबों के लिए जैसे विदेशी कपड़े का बहिष्कार आर्थिक दृष्टि से अनिवार्य है, उसी तरह शराब और नशीली चीजों का बहिष्कार भी जनता के नैतिक हित के खयाल से उतना ही जरूरी है। सारे देश में शराब बंद करने की कल्पना, उसके राजनीतिक असर के ध्यान में आने से पहले की है।

—सरदार पटेल के भाषण, पृ. 254-255

* * *

शांति

आपस में झगड़ने से शक्ति नष्ट होती है। हमारी संस्कृति भी समझ-बूझकर शांति पर रची गई है, मरना होगा तो वे अपने पापों से मरेंगे। जो काम प्रेम से होता है, वह वैरभाव से नहीं होता।

—सरदार पटेल के भाषण, पृ. 356

* * *

शारीरिक श्रम

तुम्हें जगत् में तैरना हो तो हाथ-पैरों पर भरोसा रखो; मेहनत से मुहब्बत करो। जिसके शरीर को तालीम मिलती है, उसके दिमाग का भी साथ-साथ विकास होता है। केवल बुद्धि का विकास निकम्मा है। उससे संसार को फायदा नहीं है। बुद्धि के साथ शारीरिक श्रम के प्रेम का विकास करना चाहिए। उद्योग और विद्या का सामंजस्य होने से अद्‌भुत शक्ति उत्पन्न होती

है। जन्म से हर एक को कुदरती शक्ति मिली होती है। उसके विकास से वह तैर या डूब सकता है।

—सरदार पटेल के भाषण, पृ. 402

❋ ❋ ❋

शिक्षक

बच्चों को सफाई की तालीम दीजिए, उनके घरों में प्रवेश करके उनके माँ-बाप को शिक्षा दीजिए। अच्छे शिक्षक को लोग सिर पर रखकर नाचेंगे। अच्छा शिक्षक गाँव का इतना प्रेम-संपादन कर ले, कि वह जाए, तब गाँव रोने लगे।

—सरदार पटेल के भाषण, पृ. 423

❋ ❋ ❋

शिक्षा का उद्देश्य

आजकल जो शिक्षा दी जाती है, वह तोतारटंत है। उसमें विद्यार्थियों के दिल और शरीर एकरस नहीं होते, और न उनका मानसिक और शारीरिक विकास ही होता है। शिक्षा ऐसी होनी चाहिए, जिससे विद्यार्थी के मन का विकास हो, उनके शरीर का विकास हो, और आत्मा का विकास हो।

—सरदार पटेल के भाषण, पृ. 483

❋ ❋ ❋

राष्ट्रीय शिक्षा का उद्देश्य यह है कि किसानों के लड़के बाप-दादा की विद्या न भूल जाएँ, और वापस देहात में जाकर रहें। मुझे तो गाड़ी चलाने वाले, खुरपी पकड़ने वाले, चरस खींचने वाले और हल लेकर खेती करने वाले चाहिए। आजकल तो सब को हाथ मिलाकर या जबान हिलाकर काम करना है। इस विद्यापीठ का उद्देश्य यह है, कि इसके विद्यार्थी किसानों के जीवन में परिवर्तन करनेवाले बनें। यदि कोई हल पकड़कर चार-पाँच बीघे जमीन जोत डाले, तब मैं कहूँगा कि वह सच्चा स्नातक है।

—सरदार पटेल के भाषण, पृ. 213

❋ ❋ ❋

विद्यालय से ऐसी शिक्षा लेकर बाहर निकलना चाहिए कि कोई भी पहचान सके कि यह विद्यालय की लड़की है। उसकी बोली में मिठास है,

उसके आचार-विचार में विनय और विवेक है, उसमें ऊँचे दरजे की सभ्यता है, वह हिंदू समाज में शोभा देने वाली चरित्रवान लड़की है, एकरस छाप उसकी लोगों पर पड़नी चाहिए।

—सरदार पटेल के भाषण, पृ. 587

❊ ❊ ❊

संस्कृति

इस मुल्क में जितने मजहब हैं, जितनी भाषाएँ हैं, उतने मजहब और उतनी भाषाएँ किसी भी मुल्क में नहीं हैं। लेकिन तो भी हमारे सारे मुल्क की संस्कृति एक ही है। यह हिंदी संस्कृति है। अब हमारे देश में इतने लोग रहते हैं, वे अगर झगड़े में पड़ जाएँ, तो इस प्रकार की हालत नहीं होनी चाहिए कि हमें फौज से काम लेना पड़े। यह काम पुलिस का है।

भीतर मुल्क में शांति रखने के लिए हमें कम-से-कम पुलिस रखनी पड़े, ऐसी हालत होनी चाहिए।

—भारत की एकता का निर्माण, पृ. 195-196

❊ ❊ ❊

सच्ची विजय

जब तक हमारा अंतिम ध्येय प्राप्त न हो जाए, तब तक उत्तरोत्तर अधिक कष्ट सहन करने की शक्ति हम में आए, यही सच्ची विजय है।

—सरदार पटेल के भाषण, पृ. 73

❊ ❊ ❊

सत्य

आप बिलकुल सच्ची बात कहें और खुशामद छोड़ दें, तो बहुत कुछ काम हो जाए। अगर सामने कुछ कहें और पीछे कुछ और कहें, तो कुछ नहीं हो सकता। इस तरह तो आत्मा की अधोगति होती है, और वह बहुत बुरी बात है।

—सरदार पटेल के भाषण, पृ. 383

❊ ❊ ❊

याद रखिए कि जो सत्य की खातिर बरबाद होने को तैयार बैठे हैं, वे ही

अंत में जीतेंगे, और जिन्होंने अधिकारियों के साथ घपला किया होगा, उनके मुँह काले ही होंगे!

—सरदार पटेल के भाषण, पृ. 153

❋ ❋ ❋

सत्याग्रह

लाठी मारनेवालों को कोई सामने से पत्थर मारे, लाठी मारे और गाली दे, तब उनके भीतर का राक्षस उत्तेजित होता है। लेकिन सामना किए बिना मार खाते रहें, तो उनमें ईश्वरी भाव पैदा होता है। यही सत्याग्रह का रहस्य है।

—सरदार पटेल के भाषण, पृ. 392

❋ ❋ ❋

सभ्यता

जिसे स्वतंत्रता का उपयोग करना है, उसका चाल-चलन कैसा हो? उसके मुँह से गाली और भद्दी भाषा नहीं निकलनी चाहिए। सभ्य वचन ही निकलने चाहिए। वह किसी का अपमान न करे, किसी के साथ तू-तड़ाक न करे, और किसी को गालियाँ न दे। पहली पढ़ाई यही है कि सभ्यता से बोलना सीखें।

—सरदार पटेल के भाषण, पृ. 343

❋ ❋ ❋

समय पर काम

आम का फल बेवक्त तोड़ोगे, तो वह खट्टा लगेगा। दाँत खट्टे हो जाएँगे। मगर उसे पकने देंगे तो वह अपने आप टूट पड़ेगा और अमृत के समान लगेगा। अभी समझौते का समय नहीं आया है। समझौता कब हो सकता है? जब सरकार की मनोदशा बदले और जब उसका हृदय-परिवर्तन हो तब समझौता हो सकता है। तब हमें लगेगा कि उसमें कुछ मिठास है। अभी तो सरकार वैरभाव से तिलमिला रही है।

—सरदार पटेल के भाषण, पृ. 156

❋ ❋ ❋

समानता

जहाँ ईश्वर ने सबको बराबर बनाया है, वहाँ गुलाम और मालिक कैसे

हो सकते हैं? दुनिया में किसी की तीन आँखें और चार हाथ नहीं होते। सबको दो आँखें और दो हाथ दिए गए हैं।

—सरदार पटेल के भाषण, पृ. 342

* * *

सहिष्णुता

समय पर अपने काम का विचार कर लेना ज्यादा अच्छा रहता है। इसके बाद तो ईश्वर की जैसी इच्छा होती है वैसा हुआ करता है। इसलिए जो हो जाए सो सही। अंत में उत्तम मार्ग तो यही है कि जिस समय जो हो जाए, उसे खुशी से सहन करने के लिए हम सदा तैयार रहें। फिर भी अच्छा यही होगा कि हम सब प्रकार की परिस्थितियों का विचार करके, उसका सामना करने के लिए तैयार रहें।

—सरदार पटेल की अनुभव-वाणी, पृ 117

* * *

सांस्कृतिक एकता

अपनी संस्थाओं सहित यह देश अपने निवासियों की एक ऐसी विरासत है, जिस पर गर्व किया जा सकता है। लेकिन यहाँ के सभी लोग एक ही सांस्कृतिक सूत्र में आबद्ध हैं, और हम सब खून की दृष्टि से भी एक हैं। इसलिए कोई भी ताकत हमें टुकड़ों में विभाजित नहीं कर सकती, और न ही हमारे बीच ऐसी खाइयाँ खोदी जा सकती हैं, जिन्हें लाँघा नहीं जा सकता।

— भारत की एकता का निर्माण, पृ. 12

* * *

साहसी

मैं कायरों को लेकर लड़ने नहीं निकला हूँ। मैं तो उन्हीं के साथ खड़ा रहकर लड़ना चाहता हूँ, जो सरकार का डर छोड़कर बहादुर बन गए हैं।

—सरदार पटेल के भाषण, पृ. 150

* * *

स्त्री-शिक्षा

हमें नए जमाने के अनुकूल बनना चाहिए। लड़कों को पढ़ाएँ और

लड़कियों को न पढ़ाएँ, तो बेजोड़ हो जाता है और दोनों दु:खी होते हैं।

—सरदार पटेल के भाषण, पृ. 484

* * *

स्वतंत्रता

इतिहास हमें सिखाता है कि जब एक बार राष्ट्र के अंतर में स्वतंत्रता की अग्नि जल जाती है, तो फिर केवल दमन से वह कभी नहीं बुझाई जा सकती। इससे दूसरे ढंग पर सोचना, इतिहास को भूलने और अपने आपको धोखा देने के बराबर है।

—सरदार पटेल के भाषण, पृ. 265

* * *

स्वराज्य

आपस का वैरभाव भूल जाना चाहिए। ऊँच-नीच का भेद और छुआछूत वगैरह अनेक प्रकार के भेद छोड़ देने चाहिए। लोगों को अब एक बाप की संतान बनकर रहना चाहिए। हिंदुस्तान में पहले जैसा स्वराज्य था, तमाम झगड़े गाँव की पंचायत से तय कराते, और गाँव के बुजुर्ग गाँव के लोगों को अपनी छाती से लगाकर बैठते, और उनकी रक्षा करते थे, वही स्वराज्य अब लाना पड़ेगा।

—सरदार पटेल के भाषण, पृ. 489

* * *

सच्चा स्वराज्य ऊपर से नहीं टपकेगा। वह किसान को खुद लेना है। स्वराज्य की इमारत गाँव में खड़ी करनी है। किसान इतना समझ लें तो हमें सरकार का मुँह क्यों ताकना पड़े! आप समझ जाएँ तो स्वराज्य लेना उतना ही आसान है। साँप जैसे केंचुली उतारकर फेंक देता है, वैसे ही किसान जब जी में आए, तब इस राज्य का जूआ उतारकर फेंक सकता है।

—सरदार पटेल के भाषण, पृ. 168

* * *

स्वावलंबन

जैसे पड़ोसी के मरने से हम स्वर्ग में नहीं जा सकते, वही बात स्वतंत्रता

की है। अगर हमें आजादी चाहिए, तो हमें अपने पैरों पर खड़ा होना चाहिए।

—सरदार पटेल के भाषण, पृ. 371

* * *

स्वास्थ्य

स्वास्थ्य यदि अच्छा न रहे, तो दुनिया में दुःख का पार नहीं रहता। आदमी अकेला हो तो चाहे जैसा दुःख सहन कर सकता है। लेकिन परिवार के साथ रहने के कारण दूसरों को भी उसके दुःख से दुःखी होना पड़ता है।

—सरदार पटेल की अनुभव-वाणी, पृ. 119

* * *

हिंदुस्तानी

यदि आप हिंदुस्तानी बनना चाहें, तो आपको सारे हिंदुस्तान को अपना मुल्क समझना होगा, और तब हिंदुस्तान-भर के आदमी मुल्की होंगे। ज्यादा आदमी तो हम लाएँगे ही नहीं, लेकिन हमें हिंदुस्तान-भर को एक बनाना है। हिंदुस्तानी को जहाँ-जहाँ जरूरत हो, उसे वहाँ जाना चाहिए। सारे मुल्क में वह मुल्की है।

— भारत की एकता का निर्माण, पृ. 91

* * *

हिंदुस्तान की एकता

हमारी इज्जत छोटी-छोटी रियासतों में राज्य करने से नहीं बनती, लेकिन अगर दुनिया में हिंदुस्तान की इज्जत बढ़े, तो उसमें हमारी इज्जत भी बढ़ती है और राजाओं की भी इज्जत है। तो हमारा पहला फर्ज है कि हम हिंदुस्तान को मजबूत कर दें। तब हम इसे दुनिया के बड़े मुल्कों की कतार में खड़ा कर सकते हैं। इस काम में जितना समय हम बिगाड़ेंगे, वह हमारा ही कसूर है।

— भारत की एकता का निर्माण, पृ. 19

□□□